AF457240

Le texte est dans l'[illegible]

TABLEAUX
A JOINDRE AU RAPPORT
SUR
LES HOSPICES CIVILS DE PARIS.

PARIS,
De l'Imprimerie des HOSPICES CIVILS, rue St.-Christophe, N°. 11, Parvis Notre-Dame.

FRUCTIDOR AN XI.

ETAT DES TABLEAUX joints au RAPPORT sur les Hopitaux et Hospices.

(1) La disposition des chiffres ne permettant pas de numéroter les pages, on s'est contenté de chiffrer les feuilles au bas de la 1re. page, à droite.

Suite de l'Etat des Tableaux joints au Rapport.

Numéros des Tableaux.	PAGES du Rapport auxquelles ils se réfèrent.		Feuilles où ils se trouvent.	PAGES.
XLI.	148	Accouchemens, mois par mois, du 19 frimaire an VI au 30 ventose an XI, avec note des accouchemens doubles, des enfans mort-nés, etc.; et plusieurs observations comparatives. (Ce feuillet ne porte pas de N°.; il suit la feuille 5 : le tableau non-numéroté vient après le N°. XL).	6	
XLII.	*ibid.*	Accouchemens naturels et non-naturels, du 19 frimaire an VI au 30 ventose an XI, avec plusieurs notes. (Rapprochez de ces tableaux ceux des accouchemens à l'hopital des Vénériens, ci-devant N°. XXIII).	7	1 et 2
XLIII.	*ibid.*	Tableau comparatif de ce qui s'est passé à l'Hotel-Dieu de Paris, et dans plusieurs hospices de l'Europe, consacrés aux femmes enceintes.	7	2
XLIV.	*ibid.*	Tableau des maladies observées à la Maternité, et des accidens qui ont compliqué le travail de l'accouchement. 19 frimaire an VI, — 30 ventose an XI.	7 et 8	4 et 1
XLV.	*ibid.*	Rapport des femmes malades aux femmes accouchées, et des femmes mortes aux unes et aux autres, avec des observations spécialement sur la fièvre puerpérale. (Les tableaux XLI, — XLV, sont l'ouvrage du Cit. Baudelocque, accoucheur en chef de l'hospice de la Maternité).	8	2 et 3
XLVI.	156	Enfans abandonnés, reçus depuis 1790 jusqu'au 30 ventose an XI. Etat de la mortalité.	8	3
XLVII.	180	Tableau, mois par mois, des individus de toute classe entrés, morts et sortis de l'hospice de la Maternité, 1er. germinal an X, — 1er. germinal an XI. (C'est un tableau général relatif aux *personnes* qui habitent l'intérieur de la maison : ce tableau et ceux qui suivent, présentent les états de population ; le tableau LIII et les suivans, présentent l'état des *dépenses* des personnes comprises dans les tableaux de population).	8 et 9	4 et 1
XLVIII.	166	Tableau, mois par mois, du nombre des nourrices sédentaires, et des enfans confiés à leurs soins. (C'est le détail particulier de deux des colonnes du tableau précédent).	8	4
XLIX, L et LI.	167 et 172	Tableau des nourrices venues de la campagne, et des enfans qui leur ont été donnés; des enfans à la campagne depuis l'an IV jusqu'au 1er. germinal an XI; des envois d'enfans, faits mois par mois, depuis le 1er. germinal an X jusqu'au 1er. germinal an XI. (Les tableaux XLVII et XLVIII ont donné l'état de l'intérieur de la maison ; ceux-ci présentent l'état des personnes auxquelles l'administration donne ses soins hors de la maison. L'objet du tableau L est de faciliter la comparaison du nombre des enfans abandonnés, existans à la campagne, à diverses époques).	8 et 9	4 et 1
LII.	180	Etat du nombre des journées des individus de toute classe, nourris et non-nourris à la Maternité, en ventose an XI. (C'est un développement et une appendice du tableau XLVII. Dans celui-là on a présenté la population mois par mois : ici on la présente pour un mois, jour par jour, afin de montrer, dans le détail, le mouvement de cette maison, et de donner un exemple de la manière dont on établit le mouvement journalier dans tous les hospices).	9	1 et 2
LIII.	181	Tableau général des journées des individus qui ont habité l'hospice de la Maternité, 1er. germinal an X — 30 ventose an XI : alimens et denrées, de tout genre, qui leur ont été fournis. (C'est le relevé des états de mouvement, pour appliquer la *dépense* aux *personnes*. Ce tableau a trois parties : dans la première, on présente le total des personnes qui dépensent; dans la seconde, ce qu'on leur a distribué en alimens; dans la troisième, ce qu'on leur a fourni en feux, lumières, etc).	9 et 10	4, 1 et suiv.
LIV.	*ibid.*	Tableau des dépenses, tant en argent qu'en denrées réduites en argent. (Les tableaux précédens montrent la dépense en *denrées* : ici toute dépense en denrées est réduite en *argent*, et l'on y joint celle qui est faite directement en argent. Le tableau présente ce que l'hospice de la Maternité a dépensé dans toute l'année).	10	2 et 3
Suites 1 et 2 du Tableau LIV.		Le tableau LIV a présenté toutes les dépenses distribuées par colonnes; mais ces colonnes sont formées de masses réunies, parce qu'il n'auroit pas été possible de comprendre sur une même feuille tous les détails qui font connoître de quelle partie une masse de dépense est composée. Ce sont ces détails que l'on a donnés à part, sous le titre de *Suite du tableau LIV*, avec renvoi aux colonnes auxquelles les suites se rapportent.	10, 11 et 12	
LV.	*ibid.*	Le tableau LV est composé de six parties. Il est l'analyse de tous les tableaux précédens, et il a pour objet de faire connoître comment le total de la dépense comprise dans ces tableaux se subdivise et se répartit sur chaque individu ; pour savoir combien, en définitif, coûte chaque personne pour laquelle l'hospice est établi, c'est-à-dire chaque femme en couche et chaque enfant abandonné.	12 et 13	
		RÉSULTATS GÉNÉRAUX.		
LV *bis.*	187	Tableau comparatif du prix de la journée, de la durée commune du séjour des malades, et de la dépense commune d'un malade dans les hopitaux.	13	2
LV *ter.*		Tableau comparatif de la mortalité dans les hopitaux. Années IX, X et 6 premiers mois an XI.	*ibid.*	
LVI.	188	Compte général de la dépense des hopitaux et hospices de l'an X.	14	
LVI *bis.*	*ibid.*	Situation de la recette des hopitaux et hospices, au 1er. germinal an X.	15	
LVII, (par erreur LVIII.)	*ibid.*	Etat nominatif des employés dans l'Administration des hospices, officiers de santé, etc. au 1er. germinal an XI.	15 et 16	

FIN DE L'ÉTAT DES TABLEAUX.

Tableau Nº. I, page [illegible].

ETAT, au Ier. Germinal an XI, des Personnes employées dans l'Administration générale des Hospices ; de leurs traitemens, et des autres dépenses générales d'administration.

COMMISSION ADMINISTRATIVE DES HOSPICES.

Cinq Commissaires.

Traitement	25,000 fr.	
Il est alloué à chacun des Commissaires 1,500 fr. pour frais de voitures, ensemble.	7,500 fr.	
		32,500 fr.

SECRÉTARIAT DU CONSEIL GÉNÉRAL.

Le Secrétaire général et son bureau ; frais de bureau, bois, lumière, etc.	11,400 fr.

BUREAU GÉNÉRAL DES HOSPICES.

1 Secrétaire	4,000 fr.	
Chefs de bureaux	12,200	
1 Teneur de livres	3,000	
1 Vérificateur en chef	2,200	
1 Commis-voyageur	3,000	
18 Employés	29,100	
5 Portier et hommes de peine	3,800	
31 Personnes		57,300 fr.

SERVICE DES BATIMENS.

2 Architectes	13,000 fr.	
6 Inspecteurs	9,000	
2 Vérificateurs	3,000	
1 Inspecteur auprès de M. *Bralle*, pour les eaux.	600	
11 Personnes		25,600 fr.
A reporter		126,800 fr.

Ci-contre . . . . 126,800 fr.

RECETTE GÉNÉRALE, ET CAISSES.

Au Receveur-Caissier.

Par arrêté du Ministre de l'Intérieur, du 15 vendémiaire an X : sur la caisse des hospices	10,000 fr.	
Par un autre arrêté, du 18 brumaire suivant, par supplément, pour sa perception : sur la caisse des Secours à domicile	4,000	
Pour ses bureaux, . . . 19,900 fr.		

Savoir :

Bureau de la Perception et Poursuites.

1 Chef : maisons à Paris	3,600 fr.	9,200 fr.
1 Biens ruraux	2,000	
2 Quittances, bulletins, et tenue d'ordre	3,600	

CAISSES.

1 Responsable et cautionné	3,000	10,700 fr.
2 Tenue des journaux	1,800	
1 Expéditionnaire	1,700	
1 Les grands-livres	3,000	
1 Garçon de caisse	1,200	
		34,000 fr.

Ajouter les travaux extraordinaires, lors des comptes à rendre.

Sur cette somme de 34,000 fr., il convient déduire, pour les frais de la perception et dépense des revenus de la caisse des Secours à domicile, 6,600 fr. ; il restera à la charge des Hospices. . . 27,200 fr.

BUREAU DU CONTRÔLE.

1 Contrôleur . . . . 6,000 fr.

DEPENSES DE LA MAISON D'ADMINISTRATION.

Dépenses diverses	15,820 fr. 32 c.
Bois et Lumières	3,422 fr. 01 c.
Frais de Bureau	18,718 fr. 62 c.
Réparations et contribution foncière de la maison d'Administration	3,565 fr. 54 c.
TOTAL (1)	41,026 fr. 49 c.
Total des dépenses générales de l'Administration	201,026 fr. 49 c.

(1) Les détails de cette somme sont pris d'après le compte de l'an X, et ne présentent qu'un apperçu pour l'an XI.

[illegible] des Revenus fixes des Hospices, et de leurs Charges.

[illegible]

	Fr.	C.
[illegible] maisons et biens à Paris	884,280.	„
[illegible] biens ruraux et moulins	262,810.	„
[illegible] sur l'État	543,853.	„
[illegible] Foncières	5,094.	„
[illegible] sur particuliers et sur établissemens publics.	3,115.	„
	1,699,152.	

CHARGES.

		Fr.	C.
Rentes perpétuelles et viagères		77,231.	„
Pensions pour ancienneté de service		10,238.	„
Contributions foncières		345,000.	„
Entretien des Bâtimens en l'an X. (1).	Fr.		
Maisons locatives	127,906.		
Maisons hospitalières	151,239.	284,402.	„
Chef-lieu, Pharmacie et Scipion	5,258.		
		716,871.	„

BALANCE.

Les revenus sont de	1699,152.
Les charges.... de	716,871.
Reste net (an X)	982,281.

(1) En l'an IX, la dépense des réparations avoit été beaucoup plus considérable; Savoir:

	Fr.
Hopitaux et Hospices	469,317.
Maison de santé	11,223.
Maisons dans Paris	234,864.
Biens ruraux	34,985.
Chef-lieu	7,390.
Scipion	4,858.
Pharmacie	5,964.
Conseil général	275.
Vaccine (hospice de)	3,139.
Ouvrières de St. Paul	85.
	772,098.

Nota. *Dans tout ce tableau, on a négligé les centimes.*

ETAT GÉNÉRAL des personnes qui se sont présentées au BUREAU central des admissions, depuis le 1er. Germinal an X, jusques et compris le 30 Ventôse an XI.

MOIS. Ans 10 et 11.	NOMBRE DES PERSONNES: Qui se sont présentées au Bureau central.			Admises dans les Hopitaux.			Renvoyées aux traitemens externes.			Renvoyées aux Baux. de bienfaisance.			Renvoyées sans bulletin.			Qui ont reçu des bandages.		
	Hommes.	Femmes.	TOTAL.	Hommes.	Femmes.	TOTAL.	Hommes.	Femmes.	TOTAL.	Hommes.	Femmes.	TOTAL.	Hommes.	Femmes.	TOTAL.	Hommes.	Femmes.	TOTAL.
GERMINAL an X.	1,290	886	2,176	892	626	1,518	97	87	184	88	77	165	142	76	218	71	20	91
FLORÉAL...	1,304	856	2,160	804	594	1,398	71	34	105	137	81	218	199	121	320	93	26	119
PRAIRIAL...	1,319	811	2,130	822	575	1,397	59	26	85	61	37	98	286	141	427	91	32	123
MESSIDOR...	1,086	766	1,852	663	553	1,216	32	16	48	33	33	66	268	130	398	90	34	124
THERMIDOR...	1,089	686	1,775	672	473	1,145	17	7	24	39	44	83	260	135	395	101	27	128
FRUCTIDOR...	1,208	719	1,927	799	530	1,329	13	10	23	41	31	72	227	109	336	128	39	167
Jours Complém..	155	135	290	111	105	216	1	2	3	4	1	5	32	23	55	7	4	11
VENDÉMre. an XI.	1,208	710	1,918	844	525	1,369	6	4	10	28	34	62	231	123	354	99	24	123
BRUMAIRE...	1,134	709	1,843	765	530	1,295	8	8	16	17	20	37	245	131	376	99	20	119
FRIMAIRE...	1,160	735	1,895	746	535	1,281	11	8	19	47	25	72	256	142	398	100	25	125
NIVÔSE....	1,255	787	2,042	815	573	1,388	7	2	9	51	39	90	294	165	459	88	8	96
PLUVIÔSE...	1,336	939	2,275	833	647	1,480	12	1	13	73	86	159	351	188	539	67	17	84
VENTÔSE...	1,105	732	1,837	607	468	1,075	20	14	34	79	60	139	314	171	485	85	19	104
TOTAUX...	14,649	9,471	24,120	9,373	6,734	16,107	354	219	573	698	568	1,266	3,105	1,655	4,760	1,119	295	1,414
	24,120.			16,017.			573			1,266.			4,760.			1,414.		

Le présent Etat certifié véritable et conforme aux registres tenus au Bureau central d'admission dans les hopitaux. Paris, ce 14 floréal an 11 de la république française.

Les Membres du Bureau central d'admission.

PARFAIT, D. C. — BIRON, D. M. — PRAT. R. CHAMSERU, D. M. P.

Tableau N°. III *bis*, page 30.

ETAT des personnes qui se sont présentées au BUREAU central d'admission, pendant les six premiers mois de l'an XI, avec désignation des hopitaux auxquels les personnes admises ont été envoyées.

N. B. Ce tableau et le suivant ayant été remis tard, il n'en a pas été fait mention dans le texte du Rapport. On les donne ici pour assurer de plus en plus la preuve de l'utilité du BUREAU central. On verra aussi que les admissions par urgence sont trop multipliées.

NOMBRE DES PERSONNES qui ont été envoyées aux hopitaux.		NOMBRE des renvois aux		NOMBRE des personnes refusées.
		Traitemens externes.	Comités de Bienfaisance.	
HOTEL-DIEU	3,615			
St. LOUIS	509			
CHARITÉ	1,129			
VÉNÉRIENS	891			
St. ANTOINE	88			
BAUJON	310	101	559	2,611
COCHIN	250			
NECKER	210			
HOPITAL DES ENFANS	726			
SALPÊTRIÈRE	58			
CHARENTON	99			
	7,885		3,271	

TOTAL... 11,156

(1) Les Hopitaux ont reçu pendant les 6 I[ers]. mois de l'an XI 14,010

Le Bureau Central n'y a envoyé que 7,885

Partant, les admissions d'urgence ont été de 6,125

COMPARAISON du nombre [illegible] dans chaque Hopital, pendant les six [illegible] l'an X, avec celui qui y est entré pendant [illegible] miers mois de l'an XI.

PENDANT LES SIX 1ers MOIS de l'an X.		PENDANT LES SIX [illegible] de l'an XI tant sur billets du Bureau central que par urgence.	
HOTEL-DIEU	8,258	HOTEL-DIEU	6,367
St.-LOUIS	1,700	St.-LOUIS	702
CHARITÉ	1,736	CHARITÉ	1,781
VÉNÉRIENS	1,210	VÉNÉRIENS	1,093
St.-ANTOINE	926	St.-ANTOINE	1,147
BAUJON	599	BAUJON	611
COCHIN	378	COCHIN	480
NECKER	594	NECKER	558
		ENFANS MALADES	1,114
		SALPÊTRIÈRE	58
		CHARENTON	99
TOTAL	15,401	TOTAL	14,010

Les Hopitaux ont reçu, pendant les six premiers de l'an X . . . . 15,401 malades.

Et pendant les mêmes mois de l'an XI, ils n'en ont reçu que 14,010 (1)

La différence (et cependant il a régné une épidémie désastreuse) en moins est de 1,391

Certifié véritable. *Les Membres du Bureau central d'admission*;
R. CHAMSERU. — BIRON, D. M. M. — PARFAIT, D. C. — PRAT.

Tableau N°. IV, page 35.

ETAT des Malades entrés, sortis et morts à l'HOTEL-DIEU, pendant l'an IX.

DÉNOMINATION des SEXES.	MALADES					TOTAL des sortis et des morts réunis.	Restans au premier vendémiaire an X.
	Restans au premier vendémiaire an IX.	Entrés pendant l'an IX.	TOTAL des entrés et restans réunis.	Sortis pendant l'an IX.	Décédés pendant l'an IX.		
HOMMES...	593	7,369	7,962	6,311	956	7,267	695
FEMMES...	890	7,471	8,361	6,476	1112	7,588	773
GARÇONS..	68	598	666	497	102	599	67
FILLES....	107	998	1015	761	251	1,012	93
TOTAUX....	1,658	16,436	18,094	14,045	2,421	16,466	1,628

Nombre de journées de malades . . . . 693,101.

NOMBRE
- D'accouchemens . . . . 419.
- D'enfans nés . . . . 558.
- D'enfans morts nés . . . . 56.
- De jumeaux . . . . 10.

DÉNOMINATION des SEXES.	INSENSÉS						TOTAL des sortis et des morts réunis.	Restans au premier vendémiaire an X.
	Restans au premier vendémiaire an IX.	Entrés pendant l'an IX.	TOTAL des entrés et restans réunis.	Sortis guéris en l'an IX.	Renvoyés non guéris en l'an IX.	Décédés Pendant l'an IX.		
HOMMES...	28	305	333	237	33	41	311	22
FEMMES...	81	602	683	453	64	69	586	97
TOTAUX....	109	907	1,016	690	97	110	897	119

Tableau N°. V, page 35.

ETAT des Malades entrés, sortis et morts à l'HOTEL-DIEU, pendant l'an X.

DÉNOMINATION des SEXES.	MALADES.					TOTAL des sortis et des morts réunis.	Restans au premier vendémiaire an XI.
	Restans au premier vendémiaire an X.	Entrés pendant l'an X.	TOTAL des entrés et restans réunis.	Sortis pendant l'an X.	Décédés pendant l'an X.		
HOMMES...	694	6,553	7,247	5,587	1,131	6,718	529
FEMMES...	774	6,127	6,901	5,178	1,129	6,307	594
GARÇONS..	78	418	496	394	96	490	6
FILLES....	82	614	696	484	186	670	26
TOTAUX...	1,628	13,712	15,340	11,643	2,542	14,185	1,155

Nombre de journées de malades . . . . . . 623,114.

NOMBRE
- D'accouchemens . . . . 346.
- D'enfans nés 328
- D'enfans morts nés . . . . . 41.
- De jumeaux . . . . 4.

DÉNOMINATION des SEXES.	INSENSÉS						TOTAL des sortis et des morts en l'an X.	Restans au premier vendémiaire an XI.
	Restans au premier vendémiaire an X.	Entrés pendant l'an X.	TOTAL des entrés et restans réunis.	Sortis guéris en l'an X.	Sortis non-guéris en l'an X.	Décédés pendant l'an X.		
HOMMES...	22	245	267	207	22	38	267	0
FEMMES...	97	256	353	259	57	37	353	0
TOTAUX....	119	501	620	466	79	75	620	

Tableau N°. VI, page 35.

ÉTAT des Malades entrés, sortis et morts à l'HOTEL-DIEU, pendant les six premiers mois de l'an XI.

DÉNOMINATION des SEXES.	MALADES					TOTAL des sortis et des morts réunis.	Restans au premier germinal an XI.
	Restans au premier vendémiaire an XI.	Entrés pendant les six premiers mois.	TOTAL des entrés et restans réunis.	Sortis pendant les six premiers mois.	Décédés pendant les six premiers mois.		
HOMMES...	529	3,171	3,700	2,283	799	3,082	618
FEMMES...	594	3,174	3,768	2,278	803	3,081	687
GARÇONS..	6	8	14	13	1	14	»
FILLES....	26	14	40	39	1	40	»
TOTAUX...	1,155	6,367	7,522	4,613	1,604 [1]	6,217	1,305

Nombre de journées de malades...... 232,809.

NOMBRE
- D'accouchemens.......... 109.
- D'enfans nés............ 93.
- D'enfans morts nés........ 16.
- De jumeaux............ ».

Il restoit le 30 Ventôse au soir.......... 1,305.
Il n'en restoit le 30 Germinal au soir, que... 976.

PARTANT la diminution des malades, du premier au 30 Germinal, est de.......... 329.

[1] Observez que, pendant le mois de pluviôse seulement, il est mort 530 malades, et 250 dans le cours du mois de ventôse suivant.

Tableau N°. VII, page 35.

DÉSIGNATION des Salles de L'HOTEL-DIEU, et nombre des Lits de chacune, avec le nombre des Malades, le Ier. germinal an X, à minuit.

NOMS des SALLES.	NOMBRE des LITS.	MALADES Adultes	MALADES Enfans.
Salles d'Hommes.			
1re. St. Charles. — *Fiévreux.* (1).	159	159	»
2. Rosaire. — *Convalescens*...	83	73	»
3. Sts. Antoine. — *Fiévreux*...	89	79	»
4. Roch. ... — *Id.*	60	25	47
5. Paul. — *Blessés*......	272	207	26
6. Louis. — *Insensés*	29	20	»
7. Jérôme. — *Blessés*	25	13	2
8. Yves. — *Fiévreux*.....	8	8	»
9. Joseph. .. — *Id.*	209	471	»
10. François. — *Petite-vérole.*	43	20	11
11. Taillés. — *Blessés*	40	22	8
Salles des Femmes.			
1re. Stes. Mathe. — *Fiévreuses*...	133	146	»
2. Jeanne — ... *Id.*	112	118	»
3. Sts. Côme — *Convalescentes.*	103	121	»
4. Jean. — *Blessées*......	123	112	11
5. Stes. Clotilde..........	Supprimée.	»	»
6. Agnès. — *Fiévreuses*...	116	149	»
7. Anne...........	Supprimée.	»	»
8. Madeleine. — *Fiévreuses.*	81	85	1
9. St. Lazare. — .... *Id.* ...	41	52	»
10. Stes. Claire. — *Petite-vérole* .	25	2	3
11. Martine. — *Insensées* ..	105	74	1
12. Monique. — *Fiévreuses* .	72	65	»
13. St. Landry. — *Accouchées* .	15	12	»
14. Crêches. — *Nourrices*	54	18	55
TOTAUX.......	2,029.	1,754	165
	Total....	1,919	

(1) On entend, à l'Hotel-Dieu, par FIÉVREUX, toute personne atteinte d'une maladie interne autre que la petite-vérole et la folie.

Tableau N°. VIII, page 35.

DÉSIGNATION des Salles de L'HOTEL-DIEU, et nombre des Lits de chacune, avec le nombre des Malades, le cinquième jour Complémentaire de l'an X, à minuit.

NOMS des SALLES.	NOMBRE des LITS.	MALADES. Adultes	MALADES. Enfans.
Salles d'Hommes.			
1re. St. Charles — *Fiévreux*...	159	133	»
2. Rosaire — *Convalescens*...	83	50	»
3. Sts. Antoine. — *Fiévreux* ..	89	66	»
4. Roch. — .... *Id.*	60	»	»
5. Paul. — *Blessés*	272	150	7
6. Louis. — *Insensés*	29	2	»
7. Jérôme. — *Blessés*....	25	13	3
8. Yves. — *Fiévreux*	8	6	»
9. Joseph.. — *Id.*......	209	101	»
10. François. — *Petite-vérole.*	43	7	2
11. Taillés.............	40	»	»
Salles des Femmes.			
1re. Stes. Marthe. — *Fiévreuses.* .	133	114	»
2. Jeanne — ... *Id.*	112	105	»
3. Sts. Côme. — *Convalescentes.*	103	34	»
4. Jean. — *Blessées*	123	82	3
5. Stes. Clotilde..........	Supprimée.	»	»
6. Agnès. — *Fiévreuses* ..	146	98	»
7. Anne...........	Supprimée.	»	»
8. Madeleine — .. *Id.*	81	62	»
9. St. Lazare. — ... *Id.*	41	»	»
10. Stes. Claire. — *Petite-vérole.* .	25	»	8
11. Martine. — *Fiévreuses.* .	105	58	4
12. Monique. — .. *Id.*....	72	47	»
13. St. Landry.........	15	»	»
14. Crêches............	54	»	»
TOTAUX.......	2,029	1,128	27
	TOTAL.	1,155	

Tableau N°. IX, page 35.

DÉSIGNATION des Salles de L'HOTEL-DIEU, et nombre des Lits de chacune, avec le nombre des Malades, le Ier. germinal an XI, à minuit.

NOMS des SALLES.	NOMBRE des LITS.	MALADES. Adultes	MALADES. Enfans.
Salles d'Hommes.			
1re. St. Charles. — *Fiévreux*...	160	102	»
2. Rosaire — *Convalescens* ...	73	39	»
3. Sts. Antoine. — *Fiévreux*...	91	74	»
4. Roch. — .... *Id.*	35	»	»
5. Paul. — *Blessés*......	177	194(1)	»
6. Louis. — *Vacante*	24	»	»
7. Jérôme. — .. *Id.*.....	25	»	»
8. Yves. — *Fiévreux*	75	49	»
9. Joseph. — .. *Id.*	169	95	»
10. François. — *Petite-vérole.*	40	33	»
11. Taillés. — *pte.-vér.-fiévreux.* .	25	19	»
Salles des Femmes.			
1re. Stes. Marthe. — *Fiévreuses*..	127	114	»
2. Jeanne. — ... *Id.*	112	92	»
3. St. Côme. — *Convalescentes.*	55	39	»
4. Jean — *Blessées*.....	102	94	»
5. Stes. Clotilde..........	Supprimée.	»	»
6. Agnès. — *Fiévreuses*...	123	98	»
7. Anne...........	Supprimée.	»	»
8. Madeleine. — *Fiévreuses.*	75	68	»
9. St. Lazare. — ..... *Id.*...	46	36	»
10. Stes. Claire.	17	»	»
11. Martine. — *Fiévreuses.* .	100	72	»
12. Monique. — ... *Id.* ...	72	57	»
13. St. Landry. — *Nourrices* ..	15	11	»
14. Crêche. — *Fiévreuses*.....	»	»	»
TOTAUX.......	1,738	1,286	»

(1) 17 lits de supplément.

Tableau N°. X, page 42.

TABLEAU de la population et de la mortalité de l'Hopital de la CHARITÉ.

AN IX.

DÉSIGNATION DES SEXES.	EXISTANS au premier vendémiaire an IX.	ENTRÉS en l'an IX.	SORTIS.	MORTS.	RESTANS le cinquième complément. an IX.
HOMMES *fiévreux*.	116	2,163	1,859	284	136
FEMMES *fiévreuses*.	25	213	175	37	26
HOMMES *blessés* (1)	94	959	885	70	98
(1) Il n'entre pas de femmes blessées à cet hopital.					
TOTAUX....	235	3,335	2,919	391	260

Nombre de journées de malades. 86,201

AN X.

DÉSIGNATION DES SEXES.	EXISTANS au premier vendémiaire an X	ENTRÉS en l'an X.	SORTIS.	MORTS.	RESTANS le cinquième complément. an X.
HOMMES *fiévreux*.	134	2,423	2,104	327	128
FEMMES *fiévreuses*.	26	231	195	38	24
HOMMES *blessés*. .	100	776	741	55	78
TOTAUX....	260	3,430	3,040	420	230

Nombre de journées de malades. 86,685

Six premiers mois de l'an XI.

DÉSIGNATION DES SEXES.	EXISTANS au premier vendémiaire an XI.	ENTRÉS dans les six Iers mois de l'an XI.	SORTIS.	MORTS.	RESTANS au premier germinal an XI.
HOMMES *fiévreux*.	128	1,311	1,118	204	117
FEMMES *fiévreuses*.	24	119	92	27	24
HOMMES *blessés*. .	78	347	302	39	84
TOTAUX.....	230	1,777	1,512	270	225

NOMBRE DE JOURNÉES DE MALADES.

Hommes *fiévreux*.	22,759
Femmes *fiévreuses*.	4,475
Hommes *blessés*.	16,335
TOTAL des Journées.	43,569

Tableau N°. XI, page 42.

TABLEAU de la composition de l'Hopital de la CHARITÉ, à trois époques.

DÉSIGNATION DES SEXES.	30 Ventose an X.	Dernier complémentaire an X.	30 Ventose an XI.
HOMMES.	191	202	201
FEMMES	26	23	24
ENFANS Mâles. . . .	11	4	0
FILLES.	0	1	0
TOTAUX.	228	230	225

Tableau N°. XII, page 46.

TABLEAU de la population et de la mortalité de l'Hopital St-ANTOINE.

AN IX.

DISTINCTION DES SEXES.	EXISTANS au premier vendémiaire an IX.	ENTRÉS pendant l'année.	SORTIS.	MORTS.	RESTANS au premier vendémiaire an X.
HOMMES. . . .	65	867	734	132	66
FEMMES. . .	81	1,067	923	144	81
TOTAUX. . .	146	1,934	1,657	276	147

AN X.

DISTINCTION DES SEXES.	EXISTANS au premier vendémiaire an X.	ENTRÉS pendant l'année.	SORTIS.	MORTS.	RESTANS au premier vendémiaire an XI.
HOMMES. . . .	66	1000	857	141	68
FEMMES. . . .	81	901	758	153	71
TOTAUX. . .	147	1,901	1,615	294	139

Six premiers mois, an XI.

DISTINCTION DES SEXES.	EXISTANS au premier vendémiaire an XI	ENTRÉS pendant les six mois.	SORTIS.	MORTS.	RESTANS au premier germinal.
HOMMES. . . .	68	582	445	132	73
FEMMES	71	555	404	145	77
TOTAUX. . .	139	1,137	849	277	150

Tableau N°. XIII, page 46.

TABLEAU de la composition de l'Hopital ST-ANTOINE, à trois époques.

DISTINCTION DES SEXES.	30 Ventose an X	Dernier compl.re an X.	30 Ventose an XI.
HOMMES. . . .	61	68	73
FEMMES. . . .	74	71	77
GARÇONS au-dessous de 12 ans.	8	0	0
FILLES au-dessous de 12 ans.	6	0	0
TOTAUX. . .	149	139	150

Tableau N°. XIV, page 51.

TABLEAU de la population et de la mortalité de l'hopital NECKER.

AN IX.

DISTINCTION DES SEXES.	Existans au Ier. vendémiaire an IX.	ENTRÉS pendant l'année.	SORTIS.	MORTS.	Restans au Ier. vendémiaire an X.
HOMMES.	40	542	482	55	4[illegible]
FEMMES.	50	664	608	92	64
ENFANS	2	66	49	8	11
TOTAUX. . . .	92	1,272	1,139	155	120

AN X.

DISTINCTION DES SEXES.	Existans au Ier. vendémiaire an X.	ENTRÉS pendant l'année.	SORTIS.	MORTS.	Restans au Ier. vendémiaire an XI.
HOMMES.	45	496	424	70	54
FEMMES.	64	557	472	95	60
ENFANS.	11	47	49	6	0
TOTAUX. . . .	120	1,100	945	171	194

Nombre de journées de Malades. . . . . . 43,353.

Six premiers mois, an XI.

DISTINCTION DES SEXES.	Existans au Ier. vendémiaire an XI.	ENTRÉS pendant les six mois.	SORTIS.	MORTS.	Restans au Ier. germinal an XI.
HOMMES.	54	260	209	44	61
FEMMES.	50	298	209	72	67
TOTAUX. . . .	104	558	418	116	128

Tableau N°. XV, page 51.

Tableau de la composition de l'Hopital Necker, à trois époques.

DISTINCTION DES SEXES.	30 Ventose an X	Dernier Compl.re an X.	30 Ventose an XI
Hommes.	52	52	61
Femmes.	65	49	67
Garçons au dessous de 12 ans.	3	2	0
Filles, idem.	2	1	0
Totaux.	120	104	128

Tableau N°. XVI, page 55.

Tableau de la population et de la mortalité de l'Hopital Baujon (1).

An IX.

DISTINCTION DES SEXES.	Existans au premier vendémiaire an IX.	Entrés pendant l'année.	Sortis.	Morts.	Restans au premier vendémiaire an X.
Hommes. . . .	47	776	672	107	44
Femmes. . . .	51	661	583	84	45
Totaux. . .	98	1,437	1,255	191	89

(1) On a fait, dans cet hopital, un travail particulier pour reconnoître combien, dans le nombre de malades qui mouroient, il y en avoit qui, n'ayant pas été 48 heures dans la maison avant de mourir, devoient être regardés comme arrivant déjà condamnés, et pour ainsi dire à l'agonie. Sur 148 morts, du premier germinal an X, au premier germinal an XI; 48, c'est-à-dire à peu-près le tiers, n'ont pas vécu 48 heures dans l'hopital. Ce travail est compris dans le tableau N°. XVII bis, que l'on joint ci-dessous pour servir de modèle à l'avenir.

☞ Voyez, *ci-contre*, *la suite du Tableau de population.*

Suite du Tableau N°. XVI, page 55.

An X.

DISTINCTION DES SEXES.	Existans au premier vendémiaire an X.	Entrés pendant l'année.	Sortis.	Morts.	Restans au premier vendémiaire an XI.
Hommes. . . .	44	673	577	97	43
Femmes. . . .	45	574	509	84	26
Totaux. . .	89	1,247	1,086	181	69

Six premiers mois an XI.

DISTINCTION DES SEXES.	Existans au premier vendémiaire an XI.	Entrés pendant l'année.	Sortis.	Morts.	Restans au premier vendémiaire au XI.
Hommes. . . .	43	304	257	59	31
Femmes. . .	26	307	240	48	45
Totaux. . .	69	611	497	107	76

Tableau N°. XVII, page 56.

Tableau de la composition de l'Hopital Baujon, à trois époques.

DISTINCTION DES SEXES.	30 Ventose an X.	Dernier compl.re an X.	30 Ventose an XI.
Hommes.	51	42	31
Femmes.	46	26	45
Totaux. . . .	97	68	76

Tableau N°. XVII *bis*, page 56.

Mouvement général des malades de l'Hopital Baujon, depuis le premier germinal an X, au premier du même mois an XI, d'après le relevé des registres d'entrées.

MOIS.	Restans au matin.			Entrés.			Sortis.			Morts. Dans les 48 heures.		Morts. Après les 48 heures.			Restans au soir.			JOURNÉES de MALADES.
	Hom.	Fem.	Total.	Hom.	Fem.	Total.	Hom.	Fem.	Total.	Hom.	Fem.	Hom.	Fem.	Total.	Hom.	Fem.	Total.	
An X. Germinal. .	50	44	94	40	45	85	45	58	103	2	3	6	6	17	35	24	59	2,216
Floréal. . .	35	24	59	47	47	94	41	28	69	1	»	5	2	8	35	41	76	2,161
Prairial. . .	35	41	76	73	33	106	54	42	96	2	»	10	6	18	43	25	68	1,921
Messidor. . .	43	25	68	56	54	110	59	44	103	3	1	3	3	10	33	32	65	2,188
Thermidor. .	33	32	65	48	43	91	33	39	72	2	2	7	7	18	39	27	66	2,058
Fructidor. .	39	27	66	78	66	144	64	59	123	4	4	6	4	18	43	26	69	2,696
An XI. Vendémiaire.	43	26	69	39	40	79	47	51	98	1	1	5	1	8	28	14	42	2,080
Brumaire. . .	28	14	42	66	40	106	42	23	65	1	»	4	4	9	48	26	74	1,987
Frimaire. . .	48	26	74	53	66	119	44	50	94	2	2	8	3	15	44	40	84	2,616
Nivose. . . .	44	40	84	44	66	110	45	39	84	2	3	9	9	23	42	45	87	2,646
Pluviose. . .	42	45	87	55	53	108	38	43	81	2	5	10	11	28	42	44	86	2,715
Ventose. . .	42	44	86	47	42	89	41	34	75	3	2	7	12	24	33	43	76	2,643
Totaux. . .	482	388	870	646	595	1,241	553	510	1,063	25	23	80	68	196	465	387	852	27,927

TABLEAU de la population et de la mortalité de l'Hopital COCHIN.

AN IX.

DISTINCTION DES SEXES et des âges.	EXISTANS au premier vendémiaire an IX.	ENTRÉS pendant l'année.	SORTIS.	MORTS.	RESTANS au premier vendémiaire an X.
HOMMES. . . .	23	264	209	56	22
FEMMES. . . .	50	477	401	76	50
ENFANS mâles. .	8	67	54	11	10
ENFANS femelles.	16	122	100	21	17
TOTAUX. . .	97	930	764	164	99

AN X.

DISTINCTION DES SEXES et des âges.	EXISTANS au premier vendémiaire an X.	ENTRÉS pendant l'année.	SORTIS.	MORTS.	RESTANS au premier vendémiaire an XI.
HOMMES.	22	218	159	57	24
FEMMES.	50	415	382	46	37
ENFANS mâles. . .	10	75	57	17	11
ENFANS femelles.	17	133	101	35	14
TOTAUX. . .	99	841	699	155	86

Six premiers mois an XI.

DISTINCTION DES SEXES et des âges.	EXISTANS au premier vendémiaire an XI.	ENTRÉS pendant les 6 mois.	SORTIS.	MORTS.	RESTANS au premier germinal an XI.
HOMMES.	24	92	70	30	16
FEMMES.	37	169	129	39	38
ENFANS mâles. . .	11	89	72	13	15
ENFANS femelles(1).	14	170	103	20	21
TOTAUX. . .	86	480	374	102	90

(1) Il n'existe point d'enfans au-dessous de 15 ans à l'hopital Cochin. Ceux qui sont désignés au présent Tableau doivent donc être considérés comme garçons et filles adultes. (Note de l'Agent de surveillance).

TABLEAU de la composition de l'Hopital COCHIN, à trois époques.

DISTINCTION DES SEXES.	30 Ventose an X.	Dernier compl.re an X.	30 Ventose an XI.
HOMMES.	32	38	31
FEMMES.	66	48	59
ENFANS mâles. .	0	0	0
ENFANS femelles.	4	0	0
TOTAUX. . .	102	86	90

Tableau de la population et de la mortalité de l'Hopital St.-Louis, dans les années IX, X et Six premiers mois de l'an XI. (1)

(1) Ce tableau est dans une forme différente de ceux qui précèdent ; celle-ci est plus détaillée et meilleure. Le tableau ayant été fourni ainsi à la commission du Conseil, elle le fait imprimer tel qu'elle l'a reçu, de même qu'elle l'a fait à l'égard du tableau N°. XVII bis, pour servir de modèle à l'avenir.

An IX.

Désignation des mois	Restans le 1er. des mois, le matin	Désignation des Sexes	Entrées	Sorties	Décès	Restans les 30 des mois, le soir
Vendémiaire	753		164	173	28	718
Brumaire	718		190	111	23	774
Frimaire	774		243	161	27	829
Nivose	829		157	153	34	799
Pluviose	799		107	211	34	661
Ventose	661		251	136	31	745
Germinal	745	Hommes. Femmes. Enfans.	178 87 143 } 408	101 70 28 } 199	15 7 10 } 32	922
Floréal	922	Hommes. Femmes. Enfans.	107 63 62 } 232	109 65 43 } 217	9 6 11 } 26	911
Prairial	911	Hommes. Femmes. Enfans.	122 65 59 } 246	109 58 44 } 211	7 3 11 } 21	925
Messidor	925	Hommes. Femmes. Enfans.	118 80 67 } 265	113 76 40 } 229	7 11 5 } 23	938
Thermidor	938	Hommes. Femmes. Enfans.	94 86 50 } 230	104 71 40 } 215	3 7 7 } 17	936
Fructidor et jours compl.	936	Hommes. Femmes. Enfans.	149 110 82 } 341	135 109 62 } 306	14 12 9 } 35	936
Totaux	9,913		2,834	2,322	331	10,094 (1)
Totaux généraux	12,747			12,747		

(1) Il restait au premier vendémiaire an IX, 745 malades ; il en est entré, dans le cours de l'année, 2,834 ; il restait au premier vendémiaire an X, 936. Donc il a passé dans l'hopital, pendant le cours de l'année, 2,663 malades.

An X.

Désignation des mois	Restans les 1ers. des mois, le matin	Désignation des Sexes	Entrées	Sorties	Décès	Restans les trente des mois, le soir
Vendémiaire	936	Hommes. Femmes. Garçons. Filles.	102 75 43 19 } 239	85 68 43 2 } 198	15 6 9 1 } 31	346
Brumaire	946	Hommes. Femmes. Garçons. Filles.	93 56 26 13 } 188	82 48 26 14 } 170	6 5 9 1 } 21	943
Frimaire	943	Hommes. Femmes. Garçons. Filles.	95 63 19 20 } 197	66 41 15 11 } 133	11 9 5 5 } 30	977
Nivose	977	Hommes. Femmes. Garçons. Filles.	84 61 11 10 } 166	64 48 13 7 } 132	10 8 4 3 } 25	986
Pluviose	986	Hommes. Femmes. Garçons. Filles.	88 74 23 98 } 284	82 57 74 25 } 238	10 8 4 4 } 26	1,006
Ventose	1,006	Hommes. Femmes. Garçons. Filles.	90 72 20 17 } 199	75 69 10 23 } 177	16 9 4 2 } 31	997
Germinal	996	Hommes. Femmes. Garçons. Filles.	93 75 12 8 } 188	120 64 16 19 } 219	8 12 10 3 } 33	932
Floréal	932	Hommes. Femmes. Garçons. Filles.	93 87 20 15 } 195	86 50 26 17 } 179	10 7 4 6 } 27	921
Prairial	919	Hommes. Femmes. Garçons. Filles.	100 72 14 10 } 196	87 72 33 3 } 195	11 5 3 2 } 21	899
Messidor	897	Hommes. Femmes. Garçons. Filles.	64 52 8 8 } 132	64 52 8 8 } 132	78 60 22 25 } 185	824
Thermidor	824	Hommes. Femmes. Garçons. Filles.	58 52 11 11 } 132	79 98 17 22 } 206	5 7 5 1 } 18	732
Fructidor et jours compl.	732	Hommes. Femmes. Garçons. Filles.	92 83 8 10 } 193	83 75 22 7 } 187	14 11 6 2 } 33	705
Totaux	11,094		2,309	2,219	316	10,868
Totaux généraux	13,403			13,403		

Six premiers mois, an XI.

Désignation des mois	Restans les premiers des mois, le matin	Désignation des Sexes	Entrées	Sorties	Décès	Restans les trente des mois, le soir	Observations
Vendémiaire	702	Hommes. Femmes. Garçons. Filles.	58 50 13 7 } 128	52 41 22 8 } 123	11 14 1 2 } 28	679	Avant le 1er. germinal an IX, les services de mouvement se faisoient sans distinguer les sexes ; et ce ne fut qu'au premier vendémiaire an X, qu'on distingua les garçons des filles.
Brumaire	679	Hommes. Femmes. Garçons. Filles.	64 54 8 12 } 138	41 38 4 11 } 97	15 6 3 3 } 27	693	
Frimaire	693	Hommes. Femmes. Garçons. Filles.	50 45 18 6 } 119	43 32 8 3 } 87	14 10 2 5 } 31	694	
Nivose	694	Hommes. Femmes. Garçons. Filles.	65 50 13 8 } 136	39 40 5 6 } 90	14 8 5 3 } 30	710	
Pluviose	710	Hommes. Femmes. Garçons. Filles.	41 40 5 8 } 94	24 44 5 2 } 75	22 8 1 4 } 35	694	
Ventose	694	Hommes. Femmes. Garçons. Filles.	48 28 8 3 } 87	52 40 4 3 } 99	9 10 2 0 } 21	661	
Totaux	4,172		702	571	171	4,131	
Totaux généraux	4,874			4,874			

Nombre de Journées de Malades.

An IX	306,420	763,844
An X	332,567 (1)	
Six 1ers. mois de l'an XI	124,857	

(1) Ou plutôt, suivant les comptes du teneur de livres (le cit. Pasquier), que l'on a suivis dans les calculs du Rapport, 333,770. La différence est de 1,203, ce qui ne fait sur le total qu'environ $\frac{1}{277}$. On observera, à cette occasion, que, dans les années précédentes, la comptabilité n'étoit pas montée d'une manière assez exacte, pour qu'il ne se glissât pas des erreurs dans le calcul des journées.

Tableau de la composition de l'Hopital St.-Louis, à trois époques.

Distinction des sexes	30 Ventose an X.	Dernier Compl.re an X.	30 Ventose an XI.
Hommes	431	232	215
Femmes	228	156	134
Garçons	138	158	160
Filles	198	159	152
Totaux	995	705	661

Tableau de la population et de la mortalité de l'Hopital des Vénériens.

An IX.

Sexes, ages, nourrices.	Existans au premier vendémiaire an IX.	Entrés pendant l'année.	Sortis.	Morts.	Restans au premier vendémiaire an X.
Hommes	169	1,119	1,098	20	170
Femmes	183	1,133	1,091	29	196
Enfans mâles au-dessous de 12 ans.	5	15	18	1	1
Enfans femelles au-dessous de 12 ans.	7	37	32	2	10
Nourrices	29	59	61	0	27
Enfans mâles en nourrice.	19	57	19	40	17
Enfans femelles en nourrice.	24	58	27	27	28
Totaux	436	2,478	2,346	119	449

An X.

Sexes, ages, nourrices.	Existans au premier vendémiaire an X.	Entrés pendant l'année.	Sortis.	Morts.	Restans au premier vendémiaire an XI.
Hommes	170	1,049	1,054	15	150
Femmes	196	966	947	43	172
Enfans mâles au-dessous de 12 ans.	1	21	15	1	6
Enfans femelles au-dessous de 12 ans.	10	31	29	2	10
Nourrices	27	61	63	0	25
Enfans mâles aux nourrices.	17	77	22	51	21
Enfans femelles aux nourrices.	28	70	28	42	28
Totaux	449	2,275	2,158	154	412

Six premiers mois an XI.

Sexes, ages, nourrices.	Existans au premier vendémiaire an XI.	Entrés pendant l'année.	Sortis.	Morts.	Restans au premier germinal an XI.
Hommes	150	468	411	16	191
Femmes	172	491	445	27	191
Enfans mâles au-dessous de 12 ans.	6	20	14	1	11
Enfans femelles au-dessous de 12 ans.	10	17	16	3	8
Nourrices	25	35	29	0	31
Enfans mâles aux nourrices.	21	29	5	23	22
Enfans femelles aux nourrices.	28	31	7	29	23
Totaux	412	1,091	929	99	477

Tableau de la composition de l'Hopital des Vénériens, à trois époques.

Sexes, ages, nourrices.	30 Ventose an X.	Dernier Compl.re an X.	30 Ventose an XI
Hommes	210	150	191
Femmes	212	172	191
Enfans mâles au-dessous de 12 ans.	5	6	11
Enfans femelles au-dessous de 12 ans.	7	10	8
Nourrices	38	25	31
Enfans mâles aux nourrices.	22	21	23
Enfans femelles aux nourrices.	27	28	22
Totaux	521	412	477

État des Naissances et Décès de l'hopital des Vénériens, à compter du 12 mars 1792, (époque de l'établissement de cet hopital), jusques et compris le dernier ventose an XI.

N. B. Ces États seront plus détaillés à l'avenir : ils seront faits sur le modèle de ceux de la Maternité. On n'a pas tenu note, par le passé, des accouchemens exécutés avec les instrumens ; mais s'il en a été fait de cette nature, ils ont été si rares qu'on n'en a pas la mémoire.

Mois et ans.	Naissances. Enfans nés en mariage.					Naissances. Enfans nés hors mariage.					Total des naissances.	Total des Décès. En mariage.		Total des Décès. Hors mariage.		
	Mâles.	Femelles.	Jumeaux.	Mort-nés.	Morts dans les 24 heures de la naissance.	Mâles.	Femelles.	Jumeaux.	Mort-nés.	Morts dans les 24 heures de la naissance.		Mâles.	Femelles.	Mâles.	Femelles.	Total.
1792.																
MARS	1	»	»	»	»	»	»	»	»	»	1	»	»	»	»	»
AVRIL	»	»	»	»	»	1	»	»	»	»	1	1	»	»	»	1
MAI	»	»	»	»	»	»	»	»	»	»	»	»	»	»	»	»
JUIN	»	»	»	»	»	»	»	»	»	»	»	»	»	»	»	»
JUILLET	»	»	»	»	»	1	»	»	»	»	1	»	»	»	»	»
AOUT	»	»	»	»	»	»	»	»	»	»	»	»	»	»	»	»
SEPTEMBRE jusqu'au 21	»	»	»	»	»	»	»	»	»	»	»	»	»	1	»	1
	1	»	»	»	»	2	»	»	»	»	3	1	»	1	»	2
An Ier.																
VENDÉMIAIRE	»	»	»	»	»	1	2	»	»	»	3	»	»	»	»	»
BRUMAIRE	»	»	»	»	»	»	»	»	»	»	»	»	»	»	»	»
FRIMAIRE	»	»	»	»	»	»	1	»	»	»	1	»	»	»	»	»
NIVOSE	»	»	»	»	»	»	1	»	»	»	1	»	»	»	1	1
PLUVIOSE	»	»	»	»	»	»	1	»	»	»	1	»	»	»	»	»
VENTOSE	»	»	»	»	»	»	»	»	»	»	»	»	»	»	»	»
GERMINAL	»	»	»	»	»	1	2	»	»	»	3	»	»	»	2	2
FLORÉAL	»	»	»	»	»	1	»	»	»	»	1	»	»	1	1	2
PRAIRIAL	»	»	»	»	»	2	2	»	»	»	4	»	»	»	»	»
MESSIDOR	»	»	»	»	»	1	1	»	»	»	2	»	»	»	»	»
THERMIDOR	»	»	»	»	»	»	2	»	»	»	2	»	»	2	»	2
FRUCTIDOR	»	»	»	»	»	1	1	»	»	»	2	»	»	1	1	2
	»	»	»	»	»	7	13	»	»	»	20	»	»	4	5	9
An II.																
VENDÉMIAIRE	»	1	»	»	»	»	2	»	»	»	3	»	»	1	»	1
BRUMAIRE	»	»	»	»	»	2	2	»	»	»	4	»	»	1	»	1
FRIMAIRE	1	»	»	»	»	2	1	»	»	»	4	»	»	»	»	»
NIVOSE	»	»	»	»	»	2	2	»	»	»	4	»	»	»	»	»
PLUVIOSE	1	»	»	»	»	5	1	»	»	1	8	»	»	4	3	7
VENTOSE	2	»	»	»	1	»	1	»	»	»	4	1	»	»	4	5
GERMINAL	»	»	»	»	»	»	1	»	»	»	1	»	»	»	»	»
FLORÉAL	»	»	»	»	»	»	1	»	»	»	1	»	»	1	»	1
PRAIRIAL	1	»	»	»	»	1	»	»	»	»	2	»	»	2	»	2
MESSIDOR	»	1	»	»	»	»	»	»	»	»	1	»	»	»	»	»
THERMIDOR	»	1	»	»	»	3	»	»	»	»	4	»	»	»	»	»
FRUCTIDOR	»	1	»	»	»	»	1	»	»	1	3	»	»	1	»	1
	5	4	»	»	1	15	12	»	»	2	39	1	»	10	7	18

MOIS ET ANS.	NAISSANCES.										TOTAL des naissances.	TOTAL DES DÉCÈS.				
	ENFANS nés en mariage.					ENFANS nés hors mariage.						Nés en mariage		Hors mariage.		TOTAL.
	Mâles.	Femelles.	Jumeaux.	Mort-nés.	MORTS dans les 24 heures de la naissance.	Mâles.	Femelles.	Jumeaux.	Mort-nés.	MORTS dans les 24 heures de la naissance.		Mâles.	Femelles.	Mâles.	Femelles.	
AN III.																
VENDÉMIAIRE	»	»	»	»	»	1	3	»	»	»	4	»	»	»	»	»
BRUMAIRE	»	»	»	»	»	1	»	»	»	»	1	»	»	»	»	»
FRIMAIRE	»	»	»	»	»	»	3	»	»	»	3	»	»	»	»	»
NIVOSE	1	»	»	»	»	1	3	2	»	2	7	»	»	»	1	1
PLUVIOSE	1	»	»	»	»	3	»	»	»	»	4	»	1	1	1	3
VENTOSE	»	»	»	»	»	1	2	»	»	»	3	»	»	1	»	1
GERMINAL	»	»	»	»	»	1	»	»	»	»	1	»	»	1	3	4
FLORÉAL	»	»	»	»	1	»	2	2	»	2	5	1	»	2	2	5
PRAIRIAL	»	»	»	»	»	3	»	»	»	»	3	»	»	»	»	»
MESSIDOR	»	»	»	»	»	»	»	»	»	»	»	»	»	»	»	»
THERMIDOR	»	»	»	»	»	»	2	»	»	»	2	»	»	»	»	»
FRUCTIDOR	»	2	»	»	»	1	1	»	»	»	4	»	»	»	»	»
	2	2	»	»	1	12	16	4	»	4	37	1	1	5	7	14
AN IV.																
VENDÉMIAIRE	1	»	»	»	»	»	1	»	»	»	1	»	»	1	»	1
BRUMAIRE	»	»	»	»	»	»	»	»	»	»	1	»	»	»	»	»
FRIMAIRE	»	»	»	»	»	2	»	»	»	»	2	»	»	»	»	»
NIVOSE	»	»	»	»	»	1	»	»	1	»	1	»	»	1	1	2
PLUVIOSE	»	1	»	»	»	3	»	»	»	»	4	»	»	»	»	»
VENTOSE	»	»	»	»	»	»	2	»	»	»	2	»	»	2	1	3
GERMINAL	»	1	»	»	»	»	»	2	»	»	3	»	»	»	1	1
FLORÉAL	»	»	»	»	»	»	»	»	»	»	»	»	»	»	»	»
PRAIRIAL	»	»	»	»	»	»	1	»	1	»	1	»	»	»	»	»
MESSIDOR	»	»	»	»	»	»	1	»	»	»	1	»	»	»	»	»
THERMIDOR	»	1	»	»	1	1	»	»	»	»	2	»	»	1	»	1
FRUCTIDOR	»	1	»	»	»	»	1	»	»	1	2	»	»	2	1	3
	1	4	»	»	1	7	6	2	2	1	20	»	»	7	4	11
AN V.																
VENDÉMIAIRE	»	»	»	»	»	1	»	»	»	»	1	1	»	»	»	1
BRUMAIRE	1	»	»	»	»	1	1	»	»	»	3	»	»	»	1	1
FRIMAIRE	»	»	»	»	»	»	1	»	2	»	1	»	»	»	»	»
NIVOSE	1	1	»	»	1	»	»	»	1	»	2	»	1	»	»	1
PLUVIOSE	1	»	»	»	1	»	4	»	1	»	5	1	»	1	2	4
VENTOSE	»	»	»	»	»	1	»	»	»	»	1	»	»	»	»	»
GERMINAL	»	»	»	1	»	1	4	»	»	»	5	»	»	»	»	»
FLORÉAL	»	1	»	»	»	2	3	»	»	1	6	»	»	»	3	3
PRAIRIAL	»	»	»	»	»	2	1	»	»	»	3	»	»	»	»	»
MESSIDOR	»	»	»	»	»	»	3	»	»	»	3	»	»	»	»	»
THERMIDOR	»	»	»	»	»	1	»	»	»	»	1	»	»	»	1	1
FRUCTIDOR	»	»	»	»	»	2	»	»	1	»	2	»	»	«	»	»
	3	2	»	1	2	11	17	«	5	1	33	2	1	1	7	11

MOIS ET ANS.	NAISSANCES. Enfans nés en mariage. Mâles.	Femelles.	Jumeaux.	Mort-nés.	Morts dans les 24 heures de la naissance.	Enfans nés hors mariage. Mâles.	Femelles.	Jumeaux.	Mort-nés.	Morts dans les 24 heures de la naissance.	Total des naissances.	Total des Décès. Nés en mariage. Mâles.	Femelles.	Hors mariage. Mâles.	Femelles.	Total.
An VI.																
VENDEMIAIRE.	»	»	»	»	»	3	1	»	»	»	4	»	»	1	»	1
BRUMAIRE.	»	2	»	»	»	1	2	»	2	»	5	1	»	1	»	2
FRIMAIRE.	2	»	»	»	»	»	2	»	»	»	4	»	1	1	1	3
NIVOSE.	»	»	»	»	»	1	»	»	1	»	1	»	»	2	1	3
PLUVIOSE.	»	»	»	»	»	1	1	»	1	»	2	»	»	1	»	1
VENTOSE.	»	»	»	»	»	»	1	»	2	»	1	»	»	3	1	4
GERMINAL.	»	»	»	»	»	3	2	»	2	»	5	»	»	3	1	4
FLORÉAL.	»	1	»	»	»	»	1	«	»	»	2	»	1	»	2	3
PRAIRIAL.	»	»	»	»	»	1	1	»	»	1	2	»	»	1	»	1
MESSIDOR.	1	1	»	»	»	»	2	»	1	»	4	1	1	»	»	2
THERMIDOR.	»	»	»	»	»	»	»	»	»	»	»	»	»	»	»	»
FRUCTIDOR.	»	»	»	»	»	1	»	»	»	»	1	»	»	»	»	»
	3	4	»	»	»	11	13	»	9	1	31	2	3	13	6	24
An VII.																
VENDÉMIAIRE.	»	»	»	»	»	3	2	»	1	»	5	»	»	»	»	»
BRUMAIRE.	»	»	»	»	»	2	»	»	1	»	2	»	»	1	»	1
FRIMAIRE.	»	»	»	1	»	»	2	»	1	»	2	»	»	1	»	1
NIVOSE.	»	»	»	»	»	1	2	»	1	»	3	»	»	2	»	2
PLUVIOSE.	1	»	»	»	»	»	1	»	1	1	2	1	»	»	1	2
VENTOSE.	»	1	»	1	»	1	»	»	1	»	2	»	»	»	»	»
GERMINAL.	»	2	»	»	»	1	2	»	3	»	5	»	»	»	1	1
FLORÉAL.	»	»	»	»	»	2	1	»	»	»	3	1	»	»	»	1
PRAIRIAL.	»	2	»	»	»	»	1	»	»	»	3	»	»	»	»	»
MESSIDOR.	»	»	»	»	»	2	1	»	1	»	3	»	»	1	1	2
THERMIDOR.	»	»	»	»	»	»	»	»	3	»	»	»	»	»	»	»
FRUCTIDOR.	»	»	»	»	»	2	»	»	»	»	2	»	»	»	»	»
	1	5	»	2	»	14	12	»	13	1	32	2	»	5	3	10
An VIII.																
VENDÉMIAIRE.	»	»	»	»	»	»	2	»	»	»	2	»	»	»	»	»
BRUMAIRE.	»	»	»	»	»	»	»	»	»	»	»	»	»	»	»	»
FRIMAIRE.	»	1	»	1	»	3	1	»	»	1	5	»	»	»	1	1
NIVOSE.	»	1	»	»	»	3	1	»	»	»	5	»	»	1	»	1
PLUVIOSE.	2	1	»	»	»	3	1	»	2	1	7	1	»	1	»	2
VENTOSE.	2	»	»	»	»	1	3	»	»	1	6	»	»	»	1	1
GERMINAL.	»	1	»	»	»	»	»	»	»	»	1	»	»	»	1	1
FLORÉAL.	1	»	»	»	»	»	»	»	»	»	1	»	»	»	»	»
PRAIRIAL.	»	1	»	1	»	2	1	»	2	»	4	»	»	»	1	1
MESSIDOR.	»	»	»	»	»	»	3	»	»	»	3	»	»	»	»	»
THERMIDOR.	»	»	»	»	»	»	2	»	»	»	2	»	»	»	»	»
FRUCTIDOR.	»	1	»	»	»	»	1	»	»	»	2	»	1	»	1	2
	5	6	»	2	»	12	15	»	4	3	38	1	1	2	5	9

MOIS ET ANS.	NAISSANCES. Enfans nés en mariage. Mâles.	Femelles.	Jumeaux.	Mort-nés.	Morts dans les 24 heures de la naissance.	Enfans nés hors mariage. Mâles.	Femelles.	Jumeaux.	Mort-nés.	Morts dans les 24 heures de la naissance.	TOTAL des naissances.	TOTAL DES DÉCÈS. En mariage. Mâles.	Femelles.	Hors mariage. Mâles.	Femelles.	TOTAL.
An IX.																
VENDÉMIAIRE....	»	»	»	»	»	2	2	»	1	»	4	»	»	1	2	3
BRUMAIRE........	1	»	»	»	»	»	1	»	»	»	2	»	»	1	2	3
FRIMAIRE........	»	1	»	»	»	1	1	»	1	»	3	»	»	1	»	1
NIVOSE..........	1	»	»	»	»	1	1	»	2	»	3	»	»	4	3	7
PLUVIOSE........	»	»	»	»	»	2	»	»	»	»	2	»	»	1	»	1
VENTOSE.........	»	1	»	»	»	»	1	»	1	1	2	»	1	»	1	2
GERMINAL........	»	»	»	»	»	»	2	»	1	»	2	»	»	»	»	»
FLORÉAL.........	2	»	»	»	»	1	1	2	1	1	4	»	»	1	1	2
PRAIRIAL........	»	»	»	»	»	1	2	»	»	»	3	»	»	»	»	»
MESSIDOR........	»	1	»	»	»	2	»	»	»	1	3	»	»	1	»	1
THERMIDOR.......	1	»	»	»	»	1	2	»	»	»	4	»	»	1	»	1
FRUCTIDOR.......	»	»	»	»	»	2	1	»	1	»	3	»	»	3	»	3
	5	3	»	»	»	13	14	2	8	3	35	»	1	14	9	24
An X.																
VENDÉMIAIRE....	1	»	»	»	»	»	1	»	»	»	2	»	»	1	»	1
BRUMAIRE.......	1	»	»	»	»	2	1	»	»	1	4	»	»	2	1	3
FRIMAIRE.......	1	»	»	»	»	6	4	1	1	1	11	1	»	2	2	5
NIVOSE.........	2	»	»	1	»	3	2	»	1	2	7	1	»	4	1	6
PLUVIOSE.......	1	»	»	»	»	3	2	»	1	»	6	»	»	2	1	3
VENTOSE........	»	»	»	»	»	2	»	»	»	1	2	»	»	2	2	4
GERMINAL.......	1	»	»	»	»	1	1	»	»	»	3	»	»	»	»	»
FLORÉAL........	»	2	»	»	»	»	»	»	»	»	2	»	»	1	»	1
PRAIRIAL.......	»	1	»	»	»	1	1	»	»	»	3	»	»	1	1	2
MESSIDOR.......	»	»	»	1	»	1	»	»	»	»	1	»	»	2	1	3
THERMIDOR......	»	»	»	»	»	2	»	»	»	1	2	»	»	2	»	2
FRUCTIDOR......	»	»	»	»	»	»	2	»	»	1	2	1	1	»	2	4
	7	3	»	2	»	21	14	1	3	7	45	3	1	19	11	34
An XI. — (6 1ers mois).																
VENDÉMIAIRE....	»	»	»	»	»	»	1	»	1	»	1	1	»	»	3	4
BRUMAIRE.......	»	»	»	»	»	2	1	»	2	1	3	»	»	»	2	2
FRIMAIRE.......	»	»	»	1	»	4	1	2	»	»	5	»	»	»	»	»
NIVOSE.........	1	2	»	»	1	1	3	»	2	1	7	1	2	1	1	5
PLUVIOSE.......	»	2	»	»	»	2	1	»	»	»	5	»	»	1	3	4
VENTOSE........	»	1	»	»	»	2	3	»	»	1	6	»	»	1	1	2
	1	5	»	1	1	11	10	2	5	3	27	2	2	3	10	17
Total des 11 années et demie..	25	38	»	8	6	136	142	11	49	26	360	15	10	84	74	183

Tableau N°. XXIV, page 78.

TABLEAU de la population et de la mortalité de l'hopital des ENFANS MALADES, depuis l'époque de son établissement (18 floréal an X), jusqu'au Ier. vendémiaire an XI.

Six derniers mois an X.

DISTINCTION DES SEXES.	EXISTANS au premier germinal.	ENTRÉS pendant les six mois.	SORTIS	MORTS.	RESTANS au premier vendémiaire an XI.
ENFANS mâles. .	1	528	329	51	149
ENFANS femelles.	»	342	210	40	92
TOTAUX. . . .	1	870	539	91	241

Six premiers mois an XI.

DISTINCTION DES SEXES.	EXISTANS au premier vendémiaire an XI.	ENTRÉS pendant les 6 mois.	SORTIS.	MORTS.	RESTANS au premier germinal an XI.
ENFANS mâles. .	149	735	516	167	201
ENFANS femelles.	92	379	245	143	83
TOTAUX. . .	241	1,114	761	310	284

Tableau N°. XXV, page 91.

COMPOSITION de l'hospice de BICÊTRE, à trois époques.

		30 Ventose an X.	Dernier compl[re]. an X.	30 Ventose an XI.
PLACES pour les Indigens valides.	Couchettes	1,752	1,876	1,968
	Lits doubles à cloisons.	159	90	17
	Lits de sangle.	4	4	4
	Auges pour les gâteux.	70	110	110
PLACES pour les Indigens malad.	Couchettes	263	261	261
	Auges pour les gâteux.	40		
PLACES pour les Insensés, Epileptiques et Imbécilles.	Couchettes.	20	20	20
	Lits de sangle.	16	16	16
	Auges.	171	171	171
HOMMES existans sur les rôles de l'hospice.	Indigens valides	1,881	1,784	1,684
	Fous, Epileptiques et Imbéciles compris. .		442	425
	Indigens malades. . . .	253	209	202
	En congé.	243	39	19
	Sortis avec la pension.	35	97	120
	Total des personnes.	2,412	2,571	2,450

Tableau N°. XXVI, page 91.

TABLEAU de la population et de la mortalité de l'hospice de BICÊTRE, pendant l'an IX, l'an X, et les six premiers mois de l'an XI. (1)

AN IX.

DISTINCTION DES INDIVIDUS.	EXISTANS au premier vendémiaire an IX.	ENTRÉS pendant l'année.	SORTIS.	MORTS.	RESTANS au premier vendémiaire an X.
Indigens valides. .	2,383	2,510	3,034	25	1,834
Indigens malades.	242	1,426	1,016	427	225
Fous, Epileptiques et Imbécilles . .	231	124	99	3	253
TOTAUX . . .	2,856	4,060	4,149	455	2,312

AN X.

DISTINCTION DES INDIVIDUS.	EXISTANS au premier vendémiaire an X.	ENTRÉS en l'an X.	SORTIS.	MORTS.	RESTANS au premier vendémiaire an XI.
Indigens valides. .	1,834	1,551	1,707	9	1,669
Indigens malades.	225	1,253	984	285	209
Fous, Epileptiques et Imbécilles. . .	253	369	254	3	365
TOTAUX . . .	2,312	3,173	2,945	297	2,243

Six premiers mois an XI.

DISTINCTION DES INDIVIDUS.	EXISTANS au premier vendémiaire an XI.	ENTRÉS pendant les six mois.	SORTIS.	MORTS.	RESTANS au premier germinal an XI.
Indigens valides. .	1,669	404	480	8	1,585
Indigens malades.	209	513	312	208	202
Fous, Epileptiques et Imbécilles. . .	365	166	182	5	344
TOTAUX. . .	2,243	1,083	974	221	2,131

(1) Le Tableau ci-dessus est le résultat du mouvement journalier de l'hospice. On s'étonnera peut-être de trouver une si grande quantité d'indigens entrés et sortis ; mais en voici la raison. Dans le nombre des INDIGENS VALIDES ENTRÉS, sont compris ceux qui arrivent pour la première fois à l'hospice ; ceux qui reviennent de congé ; ceux qui cessent de prendre la pension de 120 fr. depuis qu'elle est établie ; et les indigens qui rentrent dans la classe des VALIDES, après avoir été dans celle des MALADES. Pour les INDIGENS VALIDES SORTIS, c'est la même raison : Sortis DÉFINITIVEMENT ; d'autres par CONGÉ, ou avec la pension ; et enfin, indigens passés aux INFIRMERIES.

(Note de l'Agent de surveillance de l'hospice).

Tableau N°. XXVII, page 99.

COMPOSITION de l'hospice de la SALPÊTRIÈRE, à trois époques.

DÉSIGNATION DES PERSONNES.	30 Ventose an X.	Dernier complémentaire an X.	30 Ventose an XI.
Valides.	3,319	3,516	3,297
Malades.	338	294	340
Reposantes	193		
Indigentes employées.		110	110
Absentes par congé . .		37	47
A la pension représent[ve].		88	127
Folles.		504	469
Epileptiques		154	163
TOTAUX.	3,860	4,703	4,553

(1) Le Tableau de la population et de la mortalité de la SALPÊTRIÈRE, sous le N°. XXVIII, n'ayant pas été fourni à tems, on l'a renvoyé à la fin.

ETAT des dépenses de la SALPÊTRIÈRE, dans les années IX, X, et six premiers mois an XI, avec la comparaison de leur montant pour deux années complettes, l'an IX et l'année formée tant du dernier sémestre an X, que du premier sémestre an XI.

AN IX.

LES ETATS de journées de la Compagnie RIVIÈRE s'élèvent, pour cet exercice, à la somme de			1,181,950 f. 41
Pain des Indigens et des Malades		294,863 f. 36	505,100 23
Pharmacie		20,902 10	
Réparations		78,887 53	
Traitement des Officiers de santé	12,348 f. 34	31,118 20	
Des Employés de l'Administration	18,769 86		
Dépenses générales d'Administration		79,329 04	
TOTAL de la dépense de l'an IX			1,687,050 f. 64
Journées de Valides et Indigens			1,789,247
Prix de la Journée en l'an IX			942 mil^{es}. 18 s. 10 d.

Six derniers mois an X, et six premiers mois an XI.

	DÉPENSES DES Six derniers mois an X.	DÉPENSES DES Six premiers mois an XI.	TOTAL DES DÉPENSES.
DÉPENSES qui étoient à la charge de l'Entreprise.			
Viande	95,653 f. 56	96,892 16	192,545 72
Vin	41,878 46	28,250 30	70,128 76
Comestibles divers	47,228 04	49,515 57	96,743 61
Combustibles	13,172 27	17,340 02	30,512 29
Objets d'habillement et de coucher	28,806 45	74,560 95	103,367 40
Buanderie	4,736 10	3,910 50	8,646 60
Chaudronnerie, quincaillerie, *etc.*	6,856 32	4,997 89	11,854 21
Frais d'écurie	4,164 47	3,576 85	7,741 32
Appointemens des employés	25,000 »	25,000 »	50,000 »
Pain des mêmes	27,000 »	27,000 »	54,000 »
Frais de bureau	3,500 »	400 »	3,900 »
Réparations locatives	5,000 »	5,000 »	10,000 »
	302,995 67	336,444 24	639,439 91
DÉPENSES à la charge de l'Administration.			
Appointemens des employés et officiers de santé	12,000 »	12,000 »	24,000 »
Pain des valides et des malades	153,403 »	116,881 50	270,284 50
Constructions et réparations	30,767 96	9,918 25	40,686 21
Contributions	10,837 25	10,837 25	21,674 50
Pensions représentatives	2,900 »	4,500 »	7,400 »
Pharmacie	8,510 »	8,510 »	17,020 »
Portion dans les dépenses générales	20,000 »	20,000 »	40,000 »
Dépenses diverses	5,000 »	5,000 »	10,000 »
TOTAL général de la dépense	546,413 88	524,091 24	1,070,505 12
Journées de valides et indigens	729,691	706,148	1,435,839 journées.

Prix de la journée . . . . . 0 fr. 74 c. 55 dix millimes.

COMPARAISONS.

Comparaison générale d'exercice à exercice.	La dépense en l'an IX, s'élève à	1,687,050 f. 64	94 c. 20	18 s. 10 d.
	Celle des 6 derniers mois an X et 6 1ers mois an XI, est de	1,070,505 12	74 c. 0055	14 s. 10 d.
	DIFFÉRENCE	606,545 52	19 c. 075	4 s. »
COMPARAISON avec l'Entreprise.	Les Etats de journées s'élèvent, pour l'an IX, à	1,181,950 41	66 c. ½	13 s. 3 d.
	Les dépenses comparatives des six derniers mois an X, et six premiers mois an XI, sont de	639,439 91	44 c. ½	8 s. 10 d.
	DIFFÉRENCE	542,510 f. 50	22 c.	4 s. 5 d.

Journées de Malades et Valides.

En l'an IX	1,789,247
Six derniers mois an X, et six premiers mois an XI	1,435,839
DIFFÉRENCE sur la population	354,408

Tableau N°. XXX, page 101.

Suite de la SALPÊTRIÈRE.

COMPARAISON des prix de diverses Denrées en l'an IX, avec ceux de l'an X et de l'an XI.

DENRÉES.	AN IX.	AN X.	AN XI.	
Pain.	15 c.	20 c, 06 m^es	15 c.	La livre.
Viande.	33	35 c.	36 ½	*Idem.*
Vins.	36	40 et 50 c.	50 et 60 c	Le litre.
Légumes secs.	26 l. 10 s.	16 fr.	30 fr.	L'hectol.
Beurre demi-sel.	58 à 59 f.	61 fr.	67 f. 50	Le quintal.
Drap tiretaine.	28 à 30 s.	. . . . .	5 95	Le mètre.
Id. Commun	. . . . .	7 f. 10 à 8	5 95	*Idem.*
Laine.	28 à 30 s.	. . . . .	1 55	La livre.
Bas de laine.	4 l à 4 10 s	. . . . .	4 20	*Idem.*
Savon	. . . . .	1 f. 20 c.	95 »	Le quintal.
Potasse.	. . . . .	55	47 50	*Idem.*
Huile à manger	. . . . .	. . . . .	» 70	La livre.
à brûler.	. . . . .	. . . . .	» 55	*Idem.*
Bois neuf.	12 56	12	16 50	Le stère.
flotté.	9 à 9 f. 50	. . . . .	13 50	*Idem.*
Charbon.	5	5	5	La voie.

Tableau N°. XXXI, page 105.

TABLEAU de la composition de l'hospice des PETITES-MAISONS, et aujourd'hui des *Ménages*, à trois époques.

DÉSIGNATION DES INDIVIDUS.	30 Ventose an X.	Dernier complémentaire an X.	30 Ventose an XI.
Hommes au préau. . .	126	144	138
Femmes au préau. . .	240	233	204
Hommes à l'infirmerie.	51	57	44
Femmes à l'infirmerie.	195	198	164
Fous.	16	»	»
Folles.	25	»	»
Enfans mâles infirmes.	20	»	»
A la pension	»	10	11
En congé.	»	»	2
TOTAUX. . . .	673	646	563

Tableau N°. XXXII, page 109.

TABLEAU de la population et de la mortalité de l'hospice des INCURABLES, rue de Sèves.

AN IX.

DÉSIGNATION DES INDIVIDUS.	EXISTANS au premier vendémiaire an IX.	ENTRÉS pendant l'année.	SORTIS.	MORTS.	RESTANS au premier vendémiaire an X.
HOMMES. . . .	210	12	1	19	204
FEMMES. . . .	300	19	1	21	302
TOTAUX. . . .	510	31	2	40	506

AN X.

DÉSIGNATION DES INDIVIDUS.	EXISTANS au premier vendémiaire an X.	ENTRÉS pendant l'année.	SORTIS.	MORTS.	RESTANS au premier vendémiaire an XI.
HOMMES. . . .	204	10	203	11	«
FEMMES. . . .	302	347	86	48	515
TOTAUX. . .	506	357	289	59	515

N. B. Le grand nombre de sorties et de rentrées en l'an X, a pour cause le mouvement qui a eu lieu par suite de la réunion de toutes les femmes incurables, rue de Sèves; et de tous les hommes incurables au fauxbourg St.-Laurent.

Six premiers mois an XI.

DÉSIGNATION DES INDIVIDUS.	EXISTANS au premier vendémiaire an XI.	ENTRÉS pendant les six mois.	SORTIS	MORTS.	RESTANS au premier germinal an XI.
FEMMES. . . .	524	31	«	63	495

Tableau N°. XXXIII, page 109.

TABLEAU de la composition de l'hospice des INCURABLES, rue de Sèves, à trois époques.

DÉSIGNATION DES INDIVIDUS.	30 Ventose an X.	Dernier complémentaire an X.	30 Ventose an XI.
HOMMES.	2	»	»
FEMMES.	503	530	502
TOTAUX.	505	530	502 (1)

(1) Dont absens avec la pension, 17.

Tableau N°. XXXIV, page 112.

TABLEAU de la population et de la mortalité de l'hospice du fauxbourg St.-Martin.

AN IX.

DISTINCTION DES INDIVIDUS.	EXISTANS au premier vendémiaire an IX.	ENTRÉS pendant l'année.	SORTIS.	MORTS.	RESTANS au premier vendémiaire an X.
HOMMES. . . .	222	20	«	36	208
FEMMES. . . .	239	17	5	24	225
TOTAUX. . . .	461	37	5	60	433

AN X.

DISTINCTION DES INDIVIDUS.	EXISTANS au premier vendémiaire an X	ENTRÉS en l'an X.	SORTIS	MORTS.	RESTANS au premier vendémiaire an XI.
HOMMES. . . .	208	291	67	54	386
FEMMES. . . .	225	11	208	24	3
TOTAUX. . . .	433	302	275	78	389

Six premiers mois an XI.

DISTINCTION DES INDIVIDUS.	EXISTANS au premier vendémiaire an XI.	ENTRÉS pendant les 6 mois.	SORTIS.	MORTS.	RESTANS au premier germinal an XI.
HOMMES.	365	3	1	52	334
FEMMES. . . .	3	«	1	«	2
PENSIONNAIRES. .	21	«	«	«	30
TOTAUX. . .	389	3	2	52	366

Tableau N°. XXXV, page 112.

TABLEAU de la composition de l'hospice des INCURABLES, fauxbourg St.-Martin, à trois époques.

DISTINCTION DES INDIVIDUS.	30 Ventose an X.	Dernier complémentaire an X.	30 Ventose an XI.
HOMMES.	385	389	366
FEMMES.	26	«	«
TOTAUX.	411	389	366 (1)

(1) Parmi ces indigens, 30 à la pension, onze en congé.

ÉTAT de la population et de la mortalité de l'hospice des ÉLÈVES-DE-LA-PATRIE.

AN IX.

ENFANS VALIDES.										ENFANS MALADES.				
Existans au premier vendémiaire an IX.	Entrés pendant l'an IX.				Sortis pendant l'an IX.				Existans au premier vendémiaire an X.	Existans à l'infirmerie le premier vendémiaire an IX.	Entrés.	Sortis.	Morts.	Restans à l'infirmerie le premier vendémiaire an X.
	Par admissions. (1)	Venus de différens hospices.	Venus de l'infirmerie.	Totaux.	Définitivement.	Passés dans différens hospices.	Passés à l'infirmerie.	Totaux.						
1313	827	454	1031	3615	997	256	1095	2348	1267	84	1095	1031	37	111

AN X.

Existans au premier vendémiaire an X.	Entrés pendant l'an X.				Sortis pendant l'an X.				Existans au premier vendémiaire an XI.	Existans à l'infirmerie le premier vendémiaire an X.	Entrés.	Sortis.	Morts.	Existans à l'hopital des enfans malades, le premier vendémiaire an XI.
	Par admissions.	Venus de différens hospices.	Venus de l'infirmerie.	Totaux.	Définitivement.	Passés dans différens hospices.	Passés à l'infirmerie et à l'hopital des Enfans.	Totaux.						
1267	404	108	885	2664	845	»	833	1678	986	111	833	885	12	47

Six premiers mois an XI.

Existans au premier vendémiaire an XI.	Entrés pendant les 6 1ers mois de l'an XI.				Sortis pendant les 6 1ers mois de l'an XI.				Existans au premier germinal an XI.	Existans à l'hopital des enfans malades, le 1er vendém. an XI.	Entrés.	Sortis.	Morts.	Existans audit hopital le premier germinal an XI.
	Par admissions.	Venus de différens hospices.	Venus de l'hopital des enf. malades.	Totaux.	Définitivement.	Passés dans différens hospices.	Passés à l'hopital des Enfans malades.	Totaux.						
986	230	»	235	1451	164	»	280	444	1007	47	281	235	19	73

(1) Dans les cases portant pour titre : ENTRÉS PAR ADMISSIONS, on comprend toutes les rentrées des Elèves qui ont été placés en apprentissage, et qui ont été réintégrés par ordre de la Commission.

ÉTAT GÉNÉRAL du nombre des Enfans sortis des hospices depuis la création du Bureau du placement, c'est-à-dire depuis le premier Ventose an X jusqu'en Germinal an XI (1).

AN X.

	PLACEMENT PAR BREVETS.		ENVOIS EN CAMPAGNE.		REMISES AUX PARENS.		TOTAL DES ENFANS placés.
	GARÇONS.	FILLES.	GARÇONS.	FILLES.	GARÇONS.	FILLES.	
VENTOSE...	8	11	19	18	68	13	137
GERMINAL..	11	8	20	10	32	7	88
FLORÉAL....	24	17	9	20	31	5	106
PRAIRIAL...	22	26	13	3	14	10	88
MESSIDOR...	15	14	13	14	6	12	74
THERMIDOR..	44	2	11	7	5	11	80
FRUCTIDOR..	13	16	7	14	8	9	67
TOTAUX....	137	94	92	86	164	67	640

AN XI.

	GARÇONS.	FILLES.	GARÇONS.	FILLES.	GARÇONS.	FILLES.	TOTAL
VENDÉMIAIRE..	23	7	4	4	3	6	47
BRUMAIRE...	21	16	5	«	3	«	45
FRIMAIRE...	6	160	10	«	4	«	180
NIVOSE.....	10	31	9	«	3	«	53
PLUVIOSE...	8	3	3	«	2	«	16
VENTOSE...	13	31	4	5	1	1	55
TOTAUX....	81	248	35	9	16	7	396

(1) La création du Bureau du placement date de l'arrêté du Conseil général, en date du 16 nivose an X. Le cit. SAVELINGES a commencé ses fonctions le premier ventose de la même année. Il ne peut donner de renseignemens précis sur le nombre d'enfans placés antérieurement, n'ayant trouvé à ce sujet aucun état ordinal qui constate le nombre d'enfans sortis des hospices les années précédentes. Il présente, mois par mois, l'état des enfans placés en apprentissage, soit garçons, soit filles, tant à Paris, qu'à la campagne, et le nombre de ceux rendus à leurs parens, depuis le premier ventose an X.

TOTAL GÉNÉRAL.

An X... 640 }
An XI.. 396 } 1,036

MOUVEMENT et population de l'hospice des ORPHELINES, barrière de Sèves, et par suite fauxbourg Saint-Antoine, pendant les années IX, X et 6 premiers mois de l'an XI.

AN IX.

MOUVEMENT GÉNÉRAL.	FILLES existantes au 1er. vendémiaire an IX.		281
	——— entrées en l'an IX, par admissions, etc.		39
	TOTAL.		320
	——— sorties en l'an IX, pour placement, etc.	72	76
	——— décédées.	4	
	Filles restantes au 1er. vendémiaire an X.		244
MOUVEMENT DE L'INFIRMERIE seulement.	FILLES malades au 1er. vendémiaire an IX.		16
	——— passées des classes à l'infirmerie, en l'an IX.		221
	TOTAL.		237
	——— sorties de l'infirmerie, pour rentrer aux classes.	220	224
	——— mortes.	4	
	Restantes à l'infirmerie au 1er. vendémiaire an X.		13

AN X.

MOUVEMENT GÉNÉRAL.	FILLES existantes au 1er. vendémiaire an X.			244
	——— entrées en l'an X, par admission, translation, etc.			497
	TOTAL.			741
	——— sorties pour placement, etc.		468	484
	——— décédées.		16	
	Filles restantes au 1er. vendémiaire an XI.			257 (Savoir : 237 valides présentés à la maison, et 20 malades à l'hopital, barrière de Sèves.)
MOUVEMENT DES MALADES seulement.	FILLES malades au 1er. vendémiaire an X.			13
	Devenues malades en l'an X.	Passées des classes à l'infirmerie jusqu'à sa suppression.	205	348
		Transférées à l'hopital des Enfans, barrière de Sèves.	143	
	TOTAL.			361
	Guéries en l'an X.	Sorties de l'infirmerie pour rentrer aux classes	205	325 } 341
		Revenues de l'hopital barrière de Sèves.	120	
	Mortes.	A l'infirmerie de la maison.	13	16
		A l'hopital barrière de Sèves.	3	
	Restantes à l'hopital des Enfans, au 1er. vendémiaire an XI.			20

Six premiers mois an XI.

MOUVEMENT GÉNÉRAL.	FILLES existantes au 1er. vendémiaire an XI.	à la maison	237	257
		à l'hopital.	20	
	——— entrées par admission, etc. pendant le 1er. sémestre de l'an XI.			165
	TOTAL.			422
	——— sorties pour placement, etc.		253	264
	——— décédées.	dans la maison. 1	11	
		à l'hopital des Enfans. 10		
	Filles restantes au 1er. germinal an XI.			158 (Savoir : 149 valides et 9 malades à l'hopital.)
MOUVEMENT DES MALADES.	FILLES malades à l'hopital, barrière de Sèves, au 1er. vendémiaire an XI.			20
	——— envoyées audit hopital pendant le 1er. sémestre de l'an XI.			55
	TOTAL.			75
	——— revenues dudit hopital après guérison.		56	66
	——— décédées audit hopital, barrière de Sèves.		10	
	Reste à l'hopital, le 1er. germinal an XI.			9

Tableau N°. XXXVIII, page 145.

RELEVÉ des sommes payées aux femmes enceintes expectantes, pour travail dans les deux Maisons d'allaitement et d'accouchement, depuis le 15 pluviose an X, que les ouvroirs sont établis, jusqu'au 30 messidor de la même année.

MOIS.	PRIX qu'on auroit payés aux FOURNISSEURS.	PRIX payés aux OUVRIÈRES.	BÉNÉFICE.
	fr. c.	fr. c.	fr. c.
Du 15 PLUVIOSE au 30 dudit.	167,14	104,35	62,79
VENTOSE.	415,65	253,39	162,26
GERMINAL.	539,38	396,56	142,82
FLORÉAL.	341,10	292,31	48,79
PRAIRIAL.	384,50	318,15	66,35
MESSIDOR.	321,20	254,11	67,09
TOTAUX.	2,168,97	1,618,87	550,10

OBSERVATIONS.

Le travail est distribué de manière que chaque femme à la tâche, gagne six sous par jour, en se fournissant de fil.

Celles qui sont à la journée reçoivent quatre sols, et on leur fournit le fil.

(Note de l'agent de surveillance.)

Tableau N°. XXXIX, page 145.

TABLEAU des Femmes enceintes entrées à la MATERNITÉ pendant douze mois, premier germinal an X, — 30 ventose an XI.

MOIS.	FEMMES ENTRÉES.
GERMINAL AN X. . .	141
FLORÉAL.	121
PRAIRIAL.	104
MESSIDOR.	105
THERMIDOR.	138
FRUCTIDOR.	139
VENDÉMIAIRE AN XI.	115
BRUMAIRE.	138
FRIMAIRE.	142
NIVOSE.	223
PLUVIOSE.	186
VENTOSE.	175
TOTAL.	1,727

Tableau N°. XL, page 147.

TABLEAU, mois par mois, des Femmes accouchées à l'hospice, leur résidence avant l'accouchement, plus ou moins de 30 jours; et après l'accouchement, plus de 10 jours.

DÉSIGNATION DES MOIS.	NOMBRE des Femmes accouchées.	LEUR RÉSIDENCE Avant l'accouchement. Plus de 30 jours.	Moins de 30 jours.	Après l'accouchement plus de 10 jours.
GERMINAL an X. . .	135	80	55	Moitié des femmes sortent au dixième jour de leur couche; un tiers au douzième jour, et un sixième au quinzième jour: excepté les malades qui restent plus ou moins long-tems.
FLORÉAL.	136	85	51	
PRAIRIAL.	102	48	54	
MESSIDOR.	105	40	65	
THERMIDOR.	122	69	53	
FRUCTIDOR.	119	51	68	
VENDÉMIAIRE an XI.	110	52	58	
BRUMAIRE.	106	19	87	
FRIMAIRE.	137	37	100	
NIVOSE.	164	21	143	
PLUVIOSE.	196	31	165	
VENTOSE.	176	45	131	
TOTAUX.	1608	578	1030	

TABLEAU des Accouchemens qui ont eu lieu à l'Hospice de la MATERNITÉ, depuis le 19 Frimaire an VI, jusqu'au dernier Ventôse an XI, inclusivement, d'après les Tables fournies par Mad. LACHAPELLE.

ANNÉES.	NOMBRE DES ACCOUCHEMENS. Vendém.	Brumaire	Frimaire.	Nivôse.	Pluviôse.	Ventôse.	Germinal.	Floréal.	Prairial.	Messidor.	Thermid.	Fructid.	TOTAL.	Jumeaux.	NOMBRE des ENFANS.	Garçons.	Filles.
An VI.	0.	0.	49.	99.	112.	118.	139.	96.	96.	76.	71.	96.	952.	9.	961.	485.	476.
An VII.	96.	100.	110.	142.	116.	132.	131.	125.	111.	96.	93.	112.	1364.	16.	1380.	663.	717.
An VIII.	73.	80.	76.	102.	124.	130.	111.	90.	92.	88.	84.	105.	1155.	11.	1166.	591.	575.
An IX.	68.	114.	96.	113.	122.	106.	118.	101.	79.	100.	85.	107.	1209.	13.	1222.	652.	570.
An X.	96.	112.	106.	156.	150.	157.	139.	137.	101.	106.	118.	118.	1496.	16.	1512.	753.	759.
An XI. 6 1ers mois.	110.	106.	136.	161.	196.	175.							884.	12.	896.	478.	418.
													7060.	77.	7137.	3622.	3515.

Sur 1541 Enfans pesés depuis le premier germinal an X, jusqu'au dernier ventôse an XI,

3 . . . . ne pesoient que 2 liv. $\frac{3}{4}$ — 2 liv. $\frac{1}{2}$. . . . . 1 kilogramme, 2 hectogrammes.
31 . . . . 3 liv. 3 liv. et quelques onces, même 3 liv. $\frac{3}{4}$. . . . . 1 kilogr. . . . 5 hectogr., 6, 7, 8 hectogr.
97 . . . . 4 liv. et plusieurs onces, jusqu'à $\frac{3}{4}$. . . . . 2 kilogr. 1, 2, 3, 4 hectogr.
308 . . . . 5 liv. plusieurs onces, jusqu'à $\frac{3}{4}$ . . . . 2 kilogr. 5, 6, 7, 8 hectogr.
666 . . . . depuis 6 liv. jusqu'à 6 liv. $\frac{3}{4}$. . . . . 3 kilogr. 1, 2, 3 hectogr.
380 . . . . depuis 7 liv. jusqu'à 7 liv. $\frac{3}{4}$. . . . . 3 kilogr. 4, 5, 6, 7, 8 hectogr.
100 . . . . 8 liv. et plusieurs onces. . . . . 4 kilogr. 1 ou 2 hectogr.
16 . . . . 9 . . . . et quelques onces, jusqu'à 9 liv. $\frac{1}{2}$. . . . . 4 kilogr. 6, 7 et 8 hectogr.

NOMBRE DES FEMMES accouchées.		NOMBRE des enfans nés de ces Femmes.	NÉS VIVANS.	MORTS pendant le travail.	MORTS avant le travail.	TOTAL de MORTS.	RAPPORT des Enfans morts, aux Enfans nés vivans.	
An VI.	952.	961.	925.	2.	34.	36.	1 sur 26 $\frac{2}{3}$.	Ce qui fait, année commune, 1 sur 25 $\frac{3}{5}$.
An VII.	1364.	1380.	1333.	3.	44.	47.	1 sur 29 $\frac{1}{3}$.	
An VIII.	1155.	1166.	1115.	3.	48.	51.	1 sur 22 $\frac{6}{7}$.	
An IX.	1209.	1222.	1178.	1.	43.	44.	1 sur 27 $\frac{3}{4}$.	
An X.	1496.	1512.	1449.	15.	48.	63.	1 sur 24.	
An XI. 6 1ers mois.	884.	896.	859.	5.	32.	37.	1 sur 24 $\frac{1}{5}$.	
	7060.	7137.	6859.	29.	249.	278.		

RAPPORT DES GROSSESSES DOUBLES, AUX GROSSESSES ORDINAIRES.		
An VI.	1 à 105 $\frac{7}{9}$.	Année commune, 1 à 91 $\frac{1}{3}$ environ.
An VII.	1 à 85 $\frac{1}{4}$.	
An VIII.	1 à 105.	
An IX.	1 à 93.	
An X.	1 à 93 $\frac{1}{2}$.	
An XI. 6 1ers mois.	1 à 73 $\frac{2}{3}$.	

OBSERVATIONS.

LE rapport des Enfans nés morts ou mourans, aux Enfans nés vivans, a été d'un à vingt-cinq trois cinquièmes dans l'hospice de la Maternité, depuis son institution jusqu'au 30 ventôse an XI : sur 278, 29 seulement ont perdu la vie pendant le travail de l'accouchement, et la plupart encore dans le cours d'un travail qui n'a été compliqué d'aucun accident, qui n'a exigé aucun secours étranger : tous les autres sont venus morts, et plus ou moins atteints de putréfaction : tous paroissoient à-peu-près à terme, à la réserve de 8 ou 10. Il seroit intéressant de connoître la cause d'une aussi grande mortalité, qui surpasse celle que les praticiens les plus employés sont à même d'observer dans la ville. — Cependant, cette mortalité est moins alarmante que celle qui semble avoir eu lieu à l'Hôtel-Dieu de Paris, et ne paroîtra pas plus grande dans l'hospice de la Maternité, que dans les autres hospices de l'Europe consacrés aux femmes enceintes.

D'après le rapport de M. Tenon, elle a été, à l'Hôtel-Dieu de Paris, depuis 1713 jusqu'en 1785 inclusivement, de 1 à 13 $\frac{1}{4}$. (1).

D'après les tableaux qui nous ont été remis par mad. Lachapelle, concernant ce qui s'est passé depuis 1785 jusqu'au moment de la translation des femmes enceintes à l'hospice actuel, la mortalité n'a été que de 1 à 21 ; c'est-à-dire, pendant les douze dernières années.

Dans l'hospice de Vienne en Autriche, sur 2,935 enfans nés pendant les années 1790, 1791 et 1792, 163 sont venus morts ; ce qui est 1 à 18 $\frac{1}{163}$. (2).

Dans un autre hospice de Vienne, où l'on ne reçoit que des femmes de militaires, sur 220 enfans nés depuis 1796 jusqu'en 1800, 19 sont nés morts ; ce qui est dans le rapport d'1 à 11 $\frac{1}{5}$. (3).

A Copenhague, sur 179 nés pendant les mois de mai, juin, juillet et août 1798, 16 ont perdu la vie auparavant... 1 à 11 $\frac{3}{16}$. (4).

Depuis 1749 jusqu'en 1782, le rapport des enfans nés morts, aux enfans nés vivans dans l'hospice Britannique de Londres, a été de 1 à 31. Ce rapport a été moins consolant dans l'hospice de Berlin, depuis 1758 jusqu'en 1774, puisqu'il a été de 1 à 23 $\frac{1}{2}$; de 1758 à 1763, de 1 à 20 ; de 1764 à 1769, et de 1 à 18, de 1769 à 1774. *Voyez* TENON, mém. déjà cité.

On lit dans un autre ouvrage que, sur 2,840 enfans nés dans le même hospice, depuis 1750 jusqu'en 1794, 275 sont venus morts, 1 sur 10 $\frac{1}{2}$. Ce rapport a été de 1 à 18 $\frac{1}{2}$, dans l'institut des femmes en couche de Cassel, depuis 1763 jusqu'en 1781, et de 1 à 9, depuis que cet hospice a été transféré à Marbourg. Dans l'hopital de Brunswick, sur 1125 femmes, 50 donnèrent naissance à des enfans morts ; ce qui est dans le rapport de 1 à 23 $\frac{2}{3}$. (5).

(1) Mém. sur les hopitaux de Paris, page 271.

(2) Voyez les archives de l'art des accouchemens, par le Doct. SCHWEIGHAEUSER.

(3) Archives de l'Art des accouchemens.

(4) Examen critique de la Doctrine de......, ou Tableau historique d'un triple établissement, par DEMANGEON, page 48.

(5) Archives de l'Art des accouchemens.

Rapport des différentes espèces d'Accouchemens, tant naturels que contre nature, observées depuis le 19 Frimaire an VI, jusqu'au 30 Ventose an XI.

Enfans nés vivans ou morts pendant ce tems. Sept-mille-cent-trente-sept.

Parties de l'enfant qui se sont présentées.	Nombre de fois.	Positions. Première. (1)	Seconde.	Troisième.	Quatrième.	Cinquième.	Sixième.	Indéterminées ou non reconnues.	Rapport de chacune de ces espèces générales d'Accouchemens, aux 7,137 enfans nés.
Sommet de la tête.	6985 (A)	5,812	1,162	2	5	3	1		Sur 7,137 enfans, 6,974 ont présenté le sommet de la tête. Il faut y ajouter encore le nombre de ceux dont le cordon s'est présenté avec cette région, ce qui fera 6,985. Reste 152.
La face.	12 (B)	1		5	4			2	1 à 594 $\frac{3}{4}$
Région occipitale.	1 (C)	1							1 à 7137
Le côté gauche de la tête.	4 (D)	2		1				1	1 à 1784 $\frac{1}{4}$
Le sommet de la tête avec le cordon ombilical.	11 * (E)								1 à 648 $\frac{9}{11}$
Les fesses ou le siège.	79 (F)	42	33	1	3				1 à 90 $\frac{1}{3}$
Les pieds.	32 (G)	22	9	1					1 à 223 $\frac{1}{32}$
Les genoux.	3 (H)	1			1			1	1 à 2379
L'épaule droite.	6			1	5				1 à 1189 $\frac{1}{2}$
L'épaule gauche.	4	1		2	1				1 à 1784 $\frac{1}{4}$
Le côté droit de la poitrine.	2 (I)				1 L'autre réduit à l'une des positions des fesses.				1 à 3568 $\frac{1}{2}$
La hanche droite.	2 (K)	1						1	1 à 7137
Le ventre.	3	1		1				1	1 à 2379
Le dos.	2	1		1					1 à 3568
Les lombes.	3 (L)	1	1					1	1 à 2379
La main droite et le pied gauche.	1 (M)								1 à 7137
Parties non désignées au tableau.	8								1 à 892 $\frac{1}{8}$
Grossesse extra-utérine.	1								1 à 7137

Accouchemens qu'il a fallu opérer, soit à cause du danger que couroit la mère ou l'enfant même, soit parce qu'ils ne pouvoient s'opérer naturellement.

Avec le forceps . . . . XI.
Le crochet. . . . . V.
Gastrotomie. . . . . I.
La face . . . . IX.
Région occipitale. . . . . I.
Régions pariétales. . . . . . . II.
Le cordon ombilical précédent la tête. . . . . X.
Les fesses ou le siége. . . . XIX.
Les pieds. . . . . VIII.
Les genoux. . . . . III.
Epaule droite. . . . . VI.
Epaule gauche. . . . . IV.
Le ventre. . . . . III.
Les hanches. . . . . II.
Le côté droit de la poitrine. . I.
Les lombes. . . . . III.
Le dos. . . . . II.
La main droite et le pied gauche . . . . I.

Total. . . LXXXXI.

Rapport de ces accouchemens aux accouchemens qui ont dû se faire naturellement.

1 à 78 $\frac{3}{7}$.

Ainsi, 91 enfans sur 7137, ont été dans le cas de ne pouvoir naître sans danger pour eux ou pour leurs mères, et quelques-uns d'eux dans l'impossibilité absolue de le faire sans le secours de l'art; ce qui est comme

1 à 78 $\frac{4}{7}$.

(1) Consultez, pour les caractères de ces positions, l'ouvrage de Baudelocque, intitulé : l'Art des Accouchemens; et les Principes du même auteur en faveur des Elèves Sage-femmes.

* Ces 11 font partie des 6,985 présentant le sommet.

Rapport des cas dans lesquels l'enfant ne s'est pas présenté de la manière la plus favorable, aux cas les plus ordinaires . . . . . 163 à 6974.
163 à 7137 (nombre total des naissances) sont dans le rapport
de 1 à 43 $\frac{4}{5}$ ou environ.

Rapport des cas dans lesquels l'enfant a présenté d'autres parties que le sommet de la tête, ou dans lesquels les secours de l'art ont pu paraître nécessaires. Leur nombre s'élève à 174, en y comprenant ceux où le cordon ombilical s'est présenté.
174 sont à 7137 comme 1 à 41 $\frac{1}{58}$.

Extraits au moyen du forceps. 11.

Dans le nombre de ceux qui ont offert le sommet de la tête, 11 ont été extraits avec le forceps; les uns à cause des convulsions que la mère éprouvoit, les autres parce qu'elle manquoit de force, ou par rapport à la mauvaise conformation de son bassin; ce qui est au total des naissances, comme . . . . 1 à 648 $\frac{9}{11}$; . . . .
et aux accouchemens où l'enfant présentoit le sommet de la tête, 1 à 635.

Par le crochet. 5.

Cinq ont été extraits avec le crochet ou après l'ouverture du crâne, parcequ'ils étoient morts; que les uns étoient hydrocéphales, ou que le bassin de la mère étoit des plus mal conformés; ce qui est à la totalité des naissances, comme . . . .
. . . . 1 à 1,427 $\frac{2}{5}$;
et à l'égard de ceux qui ont offert le sommet, comme . . . . 1 à 1,397.

Gastrotomie. 1.

Un des autres a été extrait au moyen de la gastrotomie, parce qu'il avoit été conçu hors de la matrice; ce qui est. . . . .
. . . . 1 à 7,137.

OBSERVATIONS.

(A) 6,985 enfans ayant présenté le sommet de la tête à l'orifice de la matrice, comme on le voit dans la note ci-contre, en y comprenant ceux dont le cordon ombilical a paru en-même tems, on peut assurer que 5,812 au moins ont dû le présenter dans la première position; et 1,162 dans la deuxième (1): 2 seulement l'ont offert dans la troisième; 5 dans la quatrième; 3 dans la cinquième; et 1 dans la sixième; ce qui établit le rapport suivant entre ces diverses espèces d'accouchemens:

RAPPORTS:

De la 2e. position à la 1re.	1 à 5 $\frac{1}{581}$; et aux 6,985,	1 à 6 $\frac{13}{1162}$
De la 3e. à la 1re.	1 à 2,906.	1 à 3,492 $\frac{1}{2}$
De la 4e. à la 1re.	1 à 1,162 $\frac{2}{5}$	1 à 1,397
De la 5e. à la 1re.	1 à 1,937.	1 à 2,328 $\frac{1}{3}$
De la 6e. à la 1re.	1 à 5,812.	1 à 6,985

(B) Trois de ces douze enfans sont nés sans aucun secours extraordinaire; ce qui réduit à 9 ceux qu'il a fallu retourner et amener par les pieds.

(C) Cette position n'exige pas essentiellement les secours de l'art. L'accouchement a pu se terminer naturellement. Nous ignorons comment il s'est opéré.

(D) Il en est de ces positions comme de celles de la région occipitale. Il est d'expérience que sur 4, deux au moins ont dû s'opérer seuls; ainsi, nous ne les porterons que pour deux, dans le nombre de ceux qu'il a fallu opérer.

(E) On n'opère, dans ces sortes de cas, que pour sauver l'enfant, et quand il n'est pas disposé de manière à venir promptement. Un sur 11 s'est opéré naturellement. Reste 10 à porter dernière colonne du tableau ci-contre.

(F) Sur 79 enfans qui ont présenté les fesses, et presque tous dans les deux meilleures positions, les trois quarts au moins ont dû naître comme s'ils avoient présenté le sommet de la tête, et sans autres secours que ceux qu'on donne à la naissance de ceux-ci; de sorte qu'on ne doit en porter, au plus, qu'un quart au tableau ci-contre.

(G) La même observation est applicable aux accouchemens dans lesquels l'enfant a présenté les pieds; ainsi, sur 32, 8 ont pu exiger qu'on les opérât.

(H) De même à l'égard des genoux. Mais, comme en général, ils présentent plus de difficultés, nous les compterons ici pour appartenir au tableau de ceux qu'il a fallu opérer.

(I) Dans l'un de ces deux cas, la position énoncée s'est réduite à l'une des positions des fesses, et l'accouchement s'est opéré. Ainsi, reste 1.

(K) Cette position en général assez ordinairement se réduit spontanément à l'une des positions des fesses: cependant on la porte ici au nombre de celles qui ont exigé l'introduction de la main.

(L) La même observation doit avoir lieu pour les positions des lombes, que nous portons ici comme celles des hanches.

(M) Ce cas a rapport aux accouchemens dans lesquels l'enfant présente les pieds; néanmoins nous le porterons au tableau des cas difficiles.

(1) Le rapport de la deuxième position à la première ayant été de 1 à 6 $\frac{1}{581}$ pendant les six derniers mois de l'an X et les premiers mois de l'an XI, et nous ayant paru à-peu-près tel depuis trente ans dans notre pratique, nous avons cru pouvoir le prendre ici pour base de notre calcul, la sage-femme en chef de l'hospice n'ayant noté, avant le premier germinal an X, que les positions rares, comme la troisième, la quatrième, la cinquième et la sixième.

TABLEAU comparatif de ce qui s'est passé à l'HOTEL-DIEU de Paris et dans plusieurs des hospices de l'Europe, consacrés aux Femmes enceintes.

HOTEL-DIEU DE PARIS.

D'APRÈS les recherches de M. Tenon, et les tableaux que nous a remis Madame Lachapelle, sage-femme en chef de l'hospice de la Maternité, 125,591 femmes ont dû accoucher à l'Hotel-Dieu de Paris, dans les 85 années qui se sont écoulées depuis 1713 jusqu'au 18 frimaire an VI, ou 9 décembre 1797; et le nombre des enfans nés vivans ou morts a dû être de 126,881; les grossesses doubles ayant été de 1 à 101 $\frac{3}{4}$ depuis 1713 jusqu'en 1785, suivant M. Tenon; et de 1 à 91 $\frac{1}{3}$, de 1786 au 9 décembre 1797, d'après les tableaux qui nous ont été communiqués par madame Lachapelle.

Une femme sur 3,145 auroit été soumise à l'opération césarienne.

Un enfant sur 246 auroit été extrait au moyen du forceps.

Trois enfans sur 31 auroient été extraits par les pieds, 1 sur 10 $\frac{1}{3}$.

M. Tenon, n'ayant pris pour base de ses calculs, 1°. sur le rapport des femmes soumises à l'opération césarienne, que ce qui s'est passé depuis 1773 jusqu'en 1785 inclusivement; et pour le rapport des enfans extraits au moyen du forceps ou par les pieds, que ce qui a eu lieu dans les années 1775, — 1776, — 1777, n'a pu offrir de résultats certains sur ce qui s'étoit fait avant.

20,234 enfans ont été baptisés dans cet hospice, dit M. Tenon, dans les 13 années indiquées; et six opérations césariennes y ont été pratiquées. Comme on ne baptise pas ceux qui viennent morts, et que le rapport de ceux-ci aux premiers est comme 1 à 13 $\frac{1}{4}$, il faut supposer qu'il y a eu 20,886 naissances, et 20,669 accouchées, parce qu'il a dû se trouver à-peu-près 217 couches doubles.

4,986 accouchemens ont été faits pendant les années 1775, — 1776 — et 1777. — 483 enfans sont venus par les pieds; et un sur 246 a été extrait avec le forceps (1).

(1) Voyez les mémoires de M. Tenon, sur les hopitaux de Paris.

HOPITAUX ÉTRANGERS.

HOSPICE DE VIENNE EN AUTRICHE. — Sur 2,935 accouchemens qui se sont faits pendant les années 1790, — 1791 — et 1792, 154 paroissent avoir été difficiles, puisque 22 enfans y ont présenté les pieds: 31 les fesses; 48 la face; 26 diverses autres parties: que 19 ont été extraits avec le forceps, et 8 après la perforation du crâne. Il se fait mille à douze cents accouchemens par chaque année, dans cet hospice. (*Voyez* Arch. de l'art des Accouch. par SCHWEIGHAEUSER, 3e livraison, pag. 87.)

A GOTTINGUE, sur 700 accouchemens, près de 400 ont été opérés avec le forceps. (Arch. de l'art des accouch. pag. 29.)

A IÉNA, sur 324, 44 furent terminés avec le forceps. 12 enfans ont été retournés et amenés par les pieds, 1 sur 27.
(Arch. de l'art des accouch. pag. 96.)

A COPENHAGUE, le rapport des accouchemens contre nature aux accouchemens naturels paroît avoir été de 1 à 11 pendant les mois de mai, juin, juillet et août 1798, puisque sur 179, 16 ont été extraits par les pieds, c'est-à-dire, 1 sur 11 $\frac{3}{16}$.
(Descript. de l'hosp. de Copenh., par DEMANGEON, pag. 196.)

A DRESDE, dans un hospice qui ne contient que 12 lits destinés aux femmes en couche, fondé seulement en 1785, l'opération césarienne a déjà été pratiquée quatre fois, savoir: deux avec le plus heureux succès. (Arch. de l'art des acc. p. 98.)

L'hospice civil de STRASBOURG n'a offert au docteur Schweighaeuser pendant qu'il a été le médecin-accoucheur en chef, aucune occasion d'ouvrir le crâne de l'enfant pour terminer l'accouchement, sur plus de 900 femmes, tandis que celui qui a remplacé cet accoucheur a eu recours cinq fois à cette opération, pendant les sept premiers mois de son exercice dans cet hospice. Le premier l'a pratiquée six fois dans sa pratique privée, sur cent-vingt cas d'accouchemens laborieux qu'il a eu à terminer. (Arch. de l'art des accouch. pag. 39.)

TABLEAU des Maladies qu'on a observées à l'hospice de la MATERNITÉ, et des accidens qui ont compliqué le travail de l'accouchement, depuis le 19 Frimaire an VI, jusqu'au dernier Ventose an XI.

ANNÉES.	Fièvre dite Puerpérale.	Péritonite, inflammation du bas-ventre.	Inflammation de matrice.	Fièvre bilieuse, embarras gastrique.	Fièvres putride, maligne, inflammatoire.	Fièvre miliaire.	Inflammation de poitrine.	Maladie de poitrine, pulmonie.	Asthme convulsif.	Hydrothorax.
AN VI.					3	1			1	
AN VII.	92	4	2	1	16			5	2	2
AN VIII.	159				17	3	1			
AN IX.	55				9		1			
AN X.	1				3	1			1	1
AN XI, Six premiers mois.	19	6		6	8		3	Catarrhe. 10		
TOTAUX...	306	10	2	7	56	5	5	15	4	3

ANNÉES.	Ascite.	Jaunisse, maladie du foie.	Vérolées.	Suites d'Indigestion.	Scorbut.	Convulsions avant, pendant et après l'accouchement.	Apoplexie séreuse avec convulsions.	Pertes de sang.	Ruptures de matrice.	Renversement de la matrice.	Placenta implanté sur le col de l'utérus.	Grossesse extra-utérine.
AN VI.						1		1				
AN VII.	4	1		5	2	1						
AN VIII.			1				1	1	1			
AN IX.							1					
AN X.	1					1	1	2				1
AN XI, Six premiers mois.	1	1				7		4		1	2 (1)	
TOTAUX...	6	2	1	5	2	10	5	8	1	1	1	1

N. B. On n'a pu faire entrer dans les cases ci-dessus 129 maladies non spécifiées dans les Tableaux formés par la sage-femme en chef, mais toutes comprises dans le nombre des maladies guéries, ou dont les sujets sont sortis de l'hospice ; ce qui élève le nombre de malades à 580.

(1) 12 vendémiaire an XI. — Morte deux heures après l'accouchement.
14 pluviose an XI. — Perte, à sept mois de grossesse, causée par adhérence du placenta sur le col de la matrice.

ANNÉES.	NOMBRE des Accouchées.	MALADES.	GUÉRIES.	MORTES.	SORTIES non-guéries.
AN VI.	952	16	9	7	
AN VII.	1,564	168	68	100	
AN VIII.	1,155	229	109	120	
AN IX.	1,209	68	45	25	
AN X.	1,496	33	18	13	2
AN XI. Six 1ers. mois.	884	66	21	42	5

RÉCAPITULATION.

Accouchées.	7,060
Malades.	580
Guéries.	268
Mortes.	307
Non-guéries, transférées à l'hospice Cochin.	5

RAPPORT des Femmes malades aux Femmes accouchées ; des Femmes mortes, aux unes et aux autres.

ANNÉES.	FEMMES			RAPPORT	
	ACCOUCHÉES.	MALADES.	MORTES.	Des Femmes mortes aux accouchées.	Des Femmes malades aux accouchées.
AN VI.	952	16	7	de 1 à 136	1 à $59\frac{1}{2}$
AN VII.	1,364	168	100	1 à $13\frac{6}{10}$	1 à $8\frac{1}{2}$
AN VIII.	1,155	229	120	1 à $9\frac{3}{5}$	1 à $5\frac{1}{22}$
AN IX.	1,209	68	25	1 à $48\frac{1}{3}$	1 à $17\frac{3}{4}$
AN X.	1,496	33	13	1 à $115\frac{1}{13}$	1 à $45\frac{1}{3}$
AN XI. Six 1ers. mois.	884	66	42	1 à $21\frac{1}{21}$	1 à $13\frac{2}{5}$
TOTAUX.	7,060	580	307		

RAPPORT des Femmes malades et des Femmes mortes, aux accouchées.

Accouchées... 7,060.
Malades..... 580. } c'est comme 1 à $12\frac{1}{6}$.

Accouchées.. 7,060.
Mortes....... 307. } 1 à 23 moins $\frac{1}{307}$.

ESPÈCES DE MALADIES.	Mortes.	Guéries	Envoyées à l'hosp. Cochin non guéries.	
Dans le nombre de 580 femmes malades, 306 ont été atteintes de la fièvre puerpérale. .	184	122		Ajouter 129 femmes guéries, dont les maladies ne sont pas désignées au tableau.
10 De péritonite ou inflammation de bas-ventre.	9	1		
2 D'inflammation de matrice.	2	»		
5 De fièvre miliaire.	5	»		
13 De convulsions, ou d'apoplexie séreuse, ou sanguine, avant et pendant l'accouchem.	11	1	1	
8 De perte de sang avant et après l'accouchem.	5	3		
1 De la rupture de la matrice pendant l'accouchement	1			
1 Du renversement de la matrice après l'accouchement.	1			
1 Des suites de grossesse extra-utérine	1			
4 D'asthme convulsif.	4			
6 D'hydropisie ascite, ou de bas-ventre. . .	5		1	
3 D'hydrothorax ou hydropisie de poitrine. .	3			
15 De maladies de poitrine et catarrhe régnant.	11	3	1	
5 De pleurésie ou inflammation de poitrine. .	3	2		
7 Fièvre bilieuse et embarras gastrique. . . .	1	6		
56 De fièvres maligne, putride, inflammatoire.	53	1	2	
3 De suites d'indigestion.	3			
2 Obstruction au foie ; jaunisse.	1	1		
2 Scorbut.	2			
1 Volvulus.	1	»		
451 TOTAUX.	306	140	5	129

TABLEAU de la Fièvre puerpérale, depuis le 19 frimaire an VI, jusqu'au 30 ventose an XI.

ANNÉES.	ACCOUCHÉES.	Vendémiaire	Brumaire.	Frimaire.	Nivose.	Pluviose.	Ventose.	Germinal.	Floréal.	Prairial.	Messidor.	Thermidor.	Fructidor et j. complém.	TOTAL.
VI.	952	»	»	»	»	»	»	»	»	»	»	»	»	»
VII.	1364	»	1	»	»	1	4	5	9	8	18	32	20	98
VIII.	1155	25	14	12	5	20	39	13	12	2	12	4	1	159
IX.	1209	»	»	1	6	3	3	6	12	3	»	1	»	35
X	1496	»	»	»	»	»	»	»	1	»	»	»	»	1
XI. Six prem. mois.	884	3	5	3	3	5	6							25
	7060													318

OBSERVATIONS.

LA Fièvre dite puerpérale est celle qui a exercé le plus de ravages dans l'hospice de la Maternité, comme c'étoit cette maladie qui en exerçoit le plus à l'Hotel-dieu de Paris depuis plus d'un siècle.

Dans le nombre de 306 femmes qui en furent atteintes avec plus ou moins de force, on n'a pas compris celles dont les maladies sont désignées au tableau sous les noms d'inflammation de bas-ventre, de péritonite, d'inflammation de matrice, quoique beaucoup de médecins, même presque tous ceux qui écrivent aujourd'hui sur cette fatale maladie, ne la considèrent pas autrement que comme une inflammation de bas-ventre, une péritonite, qui peut se compliquer d'une autre maladie.

On peut donc ajouter à ces 306 femmes, comme on l'a fait dans la 2e. partie du Tableau, celles qui ont eu une inflammation de matrice, de bas-ventre, une péritonite; ce qui élevera le nombre à 318.

Comme il est mort cent-quatre-vingt-quatre femmes des premières, et onze sur les douze autres, il faudra porter le nombre des femmes mortes à 195, et celui des femmes guéries, à 123.

Parmi ces 123 femmes réputées guéries au tableau, on ne peut se cacher que quelques-unes n'ont eu que de légères atteintes, ou plutôt des menaces de la maladie, qu'une juste crainte fait toujours exagérer, quand une maladie aussi pernicieuse règne épidémiquement dans un hospice, et que quelques-unes aussi sont sorties non-guéries de l'hospice pour retourner chez elles, ou pour aller mourir ou se rétablir dans d'autres hospices.

Cette maladie s'est annoncée, pour la première fois, d'une manière inquiétante, à l'hospice de la Maternité, en ventose an VII, et n'a cessé d'y exercer ses grands ravages qu'en thermidor an VIII, comme on peut le voir dans le tableau ci-dessus. Elle n'a laissé que de courts intervalles pendant ces dix-huit mois, encore n'ont-ils été marqués que par un moins grand nombre de maladies ; car il ne s'est pas passé un seul mois où on ne l'ait observée une ou deux fois.

D'autres maladies ont paru aussi en plus grand nombre que de coutume dans ces tems désastreux, et ont ajouté beaucoup à la mortalité qui provenoit de la Fièvre puerpérale.

Elle a reparu ensuite en frimaire an IX, pour ne cesser qu'en prairial, et les quinze mois suivans n'en ont offert que deux exemples ; mais les six premiers mois de l'an XI ont été moins heureux, 25 femmes ont été atteintes de cette maladie, et 23 en sont mortes.

En l'an VII, sur 98 femmes, il en est mort 63 ; ce qui est au nombre des accouchées, comme 1 à 21 $\frac{2}{7}$; et le nombre entier, comme 1 à 13 $\frac{4}{5}$.

En l'an VIII, sur 159 femmes, il en est mort 95 ; ce qui est au nombre des accouchées, comme 1 à 12 $\frac{1}{6}$; et le nombre entier, 1 à 7 $\frac{1}{4}$.

En l'an IX, sur 35, 14 sont mortes ; ce qui est 1 à 86 $\frac{1}{3}$; et le nombre entier, comme 1 à 34 $\frac{1}{2}$.

En l'an X, comme 1 à 1,496.

En l'an XI, six premiers mois, sur 25, il en est mort 23; ce qui est au nombre des accouchées, comme 1 à 38 $\frac{2}{5}$; et le nombre entier, comme 1 à 35 $\frac{4}{5}$.

En ventose an VIII, sur 130 accouchées, 39 ont eu la Fièvre puerpérale ; ce qui est 1 à 3 $\frac{1}{2}$. 36 en sont mortes; ce qui est 1 à 3 $\frac{11}{18}$. Sept autres femmes sont mortes pendant le cours du même mois ; ce qui a élevé le nombre à 43 : ce nombre est à celui des accouchées, comme 1 à 3 $\frac{1}{43}$.

La mortalité n'a été aussi remarquable en aucun autre tems dans l'hospice de la Maternité, et on ne peut s'assurer de combien elle s'en est approchée à l'Hotel-Dieu de Paris dans les tems les plus désastreux, en calculant ses rapports, mois par mois, avec le nombre des accouchées, comme nous venons de le faire pour ventose an VIII.

On ne sauroit en trouver d'exemples que dans les grands hospices consacrés aux femmes enceintes; car elle n'a pas été aussi grande pendant les tems où la Fièvre puerpérale a paru épidémique parmi les femmes indigentes des villes et des campagnes qui soignent le moins leur santé, et qui sont loin de pouvoir se procurer les secours en tous genres que l'on est assuré de trouver dans les hospices.

M. Tenon, d'après les renseignemens exacts, dit-il, qui lui ont été fournis par des hommes sur la bonne-foi desquels il devoit compter, assure qu'à l'Hotel-Dieu de Paris, pendant presque toute la durée du siècle dernier, il mouroit une femme sur 15 $\frac{1}{4}$ ou environ, par année moyenne ; et même, ajoute-t-il, une sur dix, parce que toutes ne meurent pas dans les salles destinées aux femmes en couche. Sur 17,876 qui sont accouchées pendant les onze années de 1775 à 1785 inclusivement, il en est mort 1,142, sans compter celles qui ont dû mourir dans les salles étrangères où elles avoient été transférées malades.

Nous ne pouvons établir ici, faute de renseignemens positifs, aucun rapport entre l'hospice de la Maternité de Paris et les grands hospices consacrés ailleurs aux femmes en couche.

Signé BAUDELOCQUE,
Chirurgien-Accoucheur en chef de l'hospice de la Maternité.

Tableau N°. XLVI, page 156.

TABLEAU des Enfans abandonnés reçus à l'hospice des Enfans-trouvés, appelé ensuite de la MATERNITÉ ; et des Enfans décédés au même hospice, depuis l'année 1790, jusques et compris le premier sémestre an XI.

ANNÉES.	REÇUS.	DÉCÉDÉS.	ANNÉES.	REÇUS.	DÉCÉDÉS.
1790	5,842	1,431	*Ci-contre...*	29,739	15,377
1791	5,140	1,428	V.	3,716	3,176
1792 jusqu'au 22 septembre inclusivement.	3,622	1,505	VI.	3,513	3,047
			VII.	3,777	2,927
An Ier.	4,441	2,528	VIII.	3,742	2,393
II.	3,637	2,425	IX.	3,741	2,097
III.	3,935	3,150	X.	4,450	1,620
IV.	3,122	2,910	Six Iers. mois an XI.	2,428	747
A reporter...	29,739	15,377	TOTAUX...	55,106	31,384

Tableau N°. XLVII, page 180.

Suite du Tableau N°. XLVII.

TABLEAU, mois par mois, des Individus de toute classe, entrés, morts et sortis de l'hospice de la MATERNITÉ, du 1er. Germinal an X au 1er. Germinal an XI.

Désignation des Mois	FEMMES – Enceintes – Entrées.	Sorties.	Mortes.	Nourrices sédentaires – Entrées.	Sorties.	Mortes.	Nourrices de campagne – Entrées.	Sorties.	ENFANS appartenans aux Nourrices sédentaires – Entrés – Garçons.	Filles.	Total des Entrées.	Sortis – Garçons.	Filles.	Décédés – Garçons.	Filles.
Germinal an X.	141	164	1	27	55	1	224	233	11	13	24	20	14	3	2
Floréal...	121	149	2	23	27	»	285	255	12	7	19	9	8	1	»
Prairial...	104	121	2	18	25	»	249	280	9	8	17	10	9	3	»
Messidor...	105	117	2	27	29	»	244	241	15	10	25	11	8	4	»
Thermidor..	138	128	1	34	25	1	183	207	19	4	23	8	14	1	2
Fructidor..	139	136	»	26	17	»	277	256	15	10	25	9	6	3	»
Vendém. an XI.	115	111	4	9	40	»	389	397	3	5	8	21	11	1	»
Brumaire...	138	113	2	»	55	»	354	361	1	»	1	27	13	1	»
Frimaire...	142	143	3	3	7	»	284	282	2	1	3	3	4	»	»
Nivose....	223	171	5	12	2	»	248	243	7	3	10	2	»	1	»
Pluviose...	186	206	16	15	6	»	112	149	8	5	13	4	2	»	1
Ventose...	175	173	5	6	»	»	263	251	6	»	6	5	1	2	4
Totaux...	1,727	1,730	43	200	294	2	3,116	3,113	108	66	174	129	90	20	11
		1,773			296							250			
Restoit au premier germinal an X..	197			137			9	»			106				
— Au 1er germinal an XI....	»	151		»	41		»	12			»	30			
Balance...	1,924	1,924		337	337		3,125	3,125			280	280			

Désignation des Mois	ENFANS ABANDONNÉS – Entrés – Garçons.	Filles.	Total des Entrées.	Sortis – Garçons.	Filles.	Décédés à la crèche – Garçons.	Filles.	Décédés entre les mains des Nourrices sédentaires – Garçons.	Filles.	Décédés à la crèche – dans les 24 heures de leur entrée.	Décédés à la crèche – après [illegible]	Appartenans aux Femmes accouchées à l'hospice – Nés à l'hospice – Garçons.	Filles.	Total des Naissances.	Sortis – Garçons.	Filles.	Décédés entre les mains des mères – Garçons.	Filles.
Germinal an X.	215	199	414	126	124	51	54	13	14	4	42	77	60	137	72	59	1	1
Floréal...	197	238	435	108	135	83	90	9	11	2	45	71	64	135	65	67	2	1
Prairial...	180	152	332	148	141	43	36	11	8	1	29	49	51	100	48	46	4	6
Messidor...	161	169	330	108	129	26	19	3	7	1	25	45	57	102	49	51	»	2
Thermidor..	152	161	313	190	112	31	38	11	8	2	31	56	58	114	55	64	1	2
Fructidor..	185	159	344	127	139	53	44	20	15	4	33	60	50	110	56	43	»	1
Vendém. an XI.	173	151	324	171	176	26	12	15	6	2	29	48	61	109	59	61	1	3
Brumaire...	179	193	372	162	170	14	12	3	4	4	24	54	48	102	56	65	2	»
Frimaire...	186	191	377	145	138	36	23	2	1	1	49	66	70	136	64	64	2	5
Nivose....	229	202	431	120	114	56	47	1	2	2	88	85	70	155	81	64	2	5
Pluviose...	243	220	463	87	91	159	123	1	1	4	131	98	89	187	95	70	7	8
Ventose...	227	234	461	167	112	98	106	2	5	2	97	87	79	166	88	79	5	1
Totaux...	2,327	2,269	4,596	1,590	1,581	676	598	91	80	29	653	796	757	1553	798	728	29	35
				4,616											1,570			
Restoit au premier germinal an X..			160											27				
— Au 1er germinal an XI....			»	140										»	10			
Balance...			4,756	4,756										1580	1,580			

Tableau N°. XLVIII, page 166.

TABLEAU, mois par mois, de germinal an X à germinal an XI, du nombre des Nourrices sédentaires; du nombre des Enfans abandonnés auxquels elles ont donné leurs soins; de ceux qui ont été envoyés à la campagne; des enfans malades qu'elles ont rendus à la crèche; et de ceux qui sont morts entre leurs mains.

DÉSIGNATION des MOIS.	NOMBRE de Nourrices sédentaires.	ENFANS abandonnés auxquels elles ont donné leurs soins – A elles confiés.	Envoyés à la campagne.	Remis à la crèche.	Décédés entre leurs mains.
Germinal an X.	164	245	177	40	27
Floréal....	131	212	150	38	20
Prairial...	127	247	210	27	19
Messidor...	131	198	159	13	10
Thermidor..	136	208	163	27	18
Fructidor...	138	246	211	17	35
Vendém. an XI.	128	249	294	19	21
Brumaire...	86	63	36	7	5
Frimaire...	35	90	73	9	3
Nivose....	39	27	13	2	3
Pluviose....	52	54	33	4	2
Ventose....	52	63	54	1	7
Totaux...	1,817	1,862	1,553	204	171

Tableau N°. XLIX, note de la page 167.

TABLEAU, mois par mois, de germinal an X à germinal an XI, des Nourrices venues de campagne, et des Enfans abandonnés qui leur ont été confiés.

DÉSIGNATION des MOIS.	NOURRICES DE CAMPAGNE – Restantes du premier de chaque mois.	Venues.	TOTAL pour chaque mois.	ENFANS ABANDONNÉS – A la mamelle – Garçons.	Filles.	Sevrés – Garçons.	Filles.	TOTAL des Enfans partis.	Sur le total, il en est parti de la crèche – A la mamelle.	Sevrés.
Germinal X.	9	224	233	99	81	23	27	230	3	50
Floréal....	»	185	285	98	119	1	3	221	67	4
Prairial...	52	249	301	132	124	7	9	272	46	16
Messidor...	21	243	264	85	109	15	13	222	55	28
Thermidor.	23	188	211	95	86	9	14	204	18	23
Fructidor..	4	277	281	107	115	12	15	249	11	27
Vendém. XI.	25	389	414	153	159	11	9	334	20	20
Brumaire..	17	354	371	144	154	16	15	330	263	31
Frimaire...	10	284	294	131	126	13	10	280	184	23
Nivose.....	12	248	260	113	107	3	4	227	207	7
Pluviose...	37	112	149	40	69	25	19	162	85	44
Ventose....	»	263	263	92	122	27	23	264	160	50
Totaux...	210	3,116	3,326	1,301	1,371	162	161	2,995	1,119	323

Tableau N°. L, page 162.

TABLEAU des Enfans à la campagne qui ont été et qui sont à la charge de l'hospice de la MATERNITÉ, depuis le 1er. vendémiaire an IV, jusqu'au premier germinal an XI.

ENFANS de tout âge et sexe.	ANNÉES.	Nombre des Enfans.
	1er. vendém. IV.	5,337
	V.	5,955
	VI.	5,093
	VII.	4,955
	VIII.	5,100
Enfans à bulle. 1,926 / Enfans à sevr. 2,750	IX.	4,676
Enfans à bulle 2,539 / Enfans à sevr. 2,750	X.	5,289
Enfans à bulle. 3,008 / Enfans à sevr. 1,425	XI.	4,433
Enfans à bulle. 3,348 / Enfans à sevr. 1,039	1er. germinal an XI.	4,387

N. B. Il y a trois observations à faire sur ce Tableau.

On nomme ENFANS A BULLE, ceux qui n'ont pas sept ans, parce qu'on inscrit le paiement de leurs mois sur un papier qu'on remet à la nourrice en lui donnant l'enfant, et qu'on appelle Bulle. Au-delà de sept ans, ils sont à la pension de [illegible], pour l'assurance de laquelle on passe un acte avec la personne qui prend l'enfant en pension.

Les Enfans de cette dernière classe ont diminué considérablement du premier vendémiaire an X au premier vendémiaire an XI, par suite de l'arrêté du Conseil du 5 ventose an X, qui a fait sortir de pension, au 1er. messidor an X, les enfans âgés de 12 ans. Avant ce tems, on payoit leur pension jusqu'à 16 ans révolus, d'après une délibération du bureau de l'hopital général, du 3 août 1772. (Code de l'hopital général, page 351.)

Au premier coup-d'œil, il paroît une contradiction entre ce tableau N°. L et celui qui suit N°. LI. Le tableau N°. L compte seulement 4,387 enfans à la charge de l'hospice au premier germinal an XI : le tableau N°. LI présente 6,561 enfans envoyés de l'hospice et vivant à la campagne à la même époque. La contradiction n'existe pas. Tous les enfans que l'on connoît existans à la campagne (6,561), ne sont pas à la charge de l'hospice. Dans le cours de l'an X, il en étoit déjà sorti de pension 1,308, en exécution de l'arrêté du Conseil : il en est encore sorti depuis le premier vendémiaire an XI qui ont atteint l'âge de 12 ans. D'ailleurs le tableau N°. L ayant été fait plus tard que le tableau N°. LI, il s'est trouvé sur les Registres des enfans rayés, parce qu'ils sont morts depuis la confection du tableau N°. LI.

Tableau N°. LI, page 172.

TABLEAU des Enfans abandonnés existans à la campagne au 1er. germinal an X ; de ceux qui y ont été envoyés depuis ; de leur mortalité avant un an d'âge, avant deux, et avant trois ans.

DÉSIGNATION des MOIS.	ENFANS abandonnés et dits d'Indigens – Envoyés à la campagne – A lait.	Sevrés.	Par correspondance.	TOTAL.	Décédés à la campagne – Avant un an.	Avant 2 ans.	Avant 3 ans.	TOTAL.
Germinal X.	180	6	40	226	81	18	3	102
Floréal...	217	21	27	265	76	11	4	91
Prairial..	256	33	6	295	97	10	5	112
Messidor..	194	28	27	249	95	10	3	108
Thermidor.	181	23	21	225	102	10	5	117
Fructidor.	222	29	20	271	125	5	6	136
Vendém. XI.	314	19	6	339	122	6	5	133
Brumaire..	299	31	5	335	139	9	9	157
Frimaire..	257	24	6	287	148	1	2	151
Nivose....	220	28	12	260	58	»	1	59
Pluviose..	118	23	3	144	5	3	3	11
Ventose...	214	41	4	259	6	»	»	6
Totaux..	2672	306	177	3,155	1,054	81	46	1,181

Restoit au 1er. germ. X.
Enfans à lait . 1,951 / — En pension. 2,636 } 4,587
Total 7,742
Déduction faite des décès 6,561

ETAT du nombre des Journées des individus de toutes classes, nourris et non-nourris à l'hospice de la MATERNITÉ, en Ventose an XI.

Jours du mois	EMPLOYÉS NON-NOURRIS. AGENCE de Surveillance. Agens	Commis	Garçons de bureau	SERVICE de Santé. Médecin	Chirurgien en chef	Élèves	Accoucheur	Total	EMPLOYÉS ET INDIGENS. SERVICE de Santé. Sage-femme en chef	Élèves	Chapelain	GARDE-MAGASIN. Garde-magasin	Commis	EMPLOYÉS et Gens de service. Surveillantes	Filles de service	Buandières	Portiers et hommes de peine	NOURRICES Sédentaires. à l'Enfant de l'Hospice	de l'Hospice et à elles	à enf. de l'hosp.	à elles	FEMMES ENCEINTES. Non-accouchées	En couche et accouchées	ENFANS ABANDONNÉS. Dessous 6 mois	Au-dessus	Sevrés
1	1	7	1	1	1	2	1	14	1	62	1	1	1	12	32	20	8	8	34	1	3	103	52	151	»	1
2	1	7	1	1	1	2	1	14	1	62	1	1	1	12	31	21	8	8	34	1	3	106	50	159	»	2
3	1	7	1	1	1	2	1	14	1	62	1	1	1	12	31	20	8	8	34	2	1	101	57	163	»	8
4	1	7	1	1	1	2	1	14	1	62	1	1	1	12	31	20	8	9	35	1	»	105	57	178	»	8
5	1	7	1	1	1	2	1	14	1	62	1	1	1	12	31	23	10	9	35	1	»	109	54	169	»	8
6	1	7	1	1	1	2	1	14	1	62	1	1	1	12	34	21	10	9	33	1	2	108	61	198	»	7
7	1	7	1	1	1	2	1	14	1	62	1	1	1	12	34	21	10	9	33	1	2	106	60	186	»	4
8	1	7	1	1	1	2	1	14	1	62	1	1	1	12	34	20	10	9	34	»	3	106	65	173	»	»
9	1	7	1	1	1	1	1	13	1	62	1	1	1	12	34	20	10	9	34	»	2	108	66	160	»	2
10	1	7	1	1	1	1	1	13	1	62	1	1	1	12	34	20	10	8	34	»	2	116	68	168	»	9
11	1	7	1	1	1	1	1	13	1	61	1	1	1	12	34	20	10	8	34	»	2	118	66	175	»	6
12	1	7	1	1	1	1	1	13	1	61	1	1	1	12	34	20	10	8	33	»	3	114	62	174	»	6
13	1	7	1	1	1	1	1	13	1	61	1	1	1	12	34	20	10	7	31	»	6	117	62	165	»	2
14	1	7	1	1	1	1	1	13	1	61	1	1	1	12	34	20	10	7	31	»	7	122	56	154	»	7
15	1	7	1	1	1	1	1	13	2	61	1	1	1	12	34	20	9	7	32	»	6	111	54	126	»	8
16	1	7	1	1	1	1	1	13	1	61	1	1	1	12	34	20	8	7	35	»	5	106	59	131	»	11
17	1	7	1	1	1	1	1	13	1	61	1	1	1	12	34	20	8	7	35	»	5	112	63	137	»	11
18	1	7	1	1	1	1	1	13	1	61	1	1	1	12	34	24	8	7	34	»	6	116	62	146	»	9
19	1	7	1	1	1	1	1	13	1	61	1	1	1	12	34	24	8	7	34	»	5	116	57	148	»	»
20	1	7	1	1	1	1	1	13	1	61	1	1	1	12	34	24	8	7	37	1	»	116	59	126	»	8
21	1	7	1	1	1	1	1	13	1	61	1	1	1	12	34	24	8	7	37	1	»	120	60	121	»	9
22	1	7	1	1	1	1	1	13	1	61	1	1	1	12	34	24	8	7	37	1	»	107	60	116	»	9
23	1	7	1	1	1	1	1	13	1	59	2	1	1	12	34	24	8	7	37	1	»	108	58	126	»	9
24	1	7	1	1	1	1	1	13	1	59	1	1	1	12	34	24	8	8	36	1	»	108	60	139	»	12
25	1	7	1	1	1	1	1	13	1	59	1	1	1	12	34	24	8	8	36	1	»	110	60	143	»	13
26	1	7	1	1	1	1	1	13	1	60	1	1	1	12	33	24	8	8	36	1	»	104	67	165	»	9
27	1	7	1	1	1	1	1	13	1	60	1	1	1	12	33	24	8	8	36	1	»	103	61	164	»	6
28	1	7	1	1	1	1	1	13	1	59	1	1	1	12	33	24	8	8	33	1	3	100	66	137	»	6
29	1	7	1	1	1	1	1	13	1	60	1	1	1	12	31	24	8	8	33	»	»	96	52	156	»	5
30	1	7	1	1	1	1	1	13	1	60	1	1	1	12	32	24	8	10	31	»	»	99	54	143	»	8
	30	210	30	30	30	38	30	398	30	1,827	30	30	30	360	1,001	658	261	237	1,028	17	66	3,271	1,783	4,545	»	203
	270			128					1,887			60		2,280				1,348				5,054		4,748		

Jours du mois	NOURRIS. ENFANS aux Nourrices. Dessous 6 mois	Au-dessus	Sevrés	Enfans aux accouchées	GENS de campagne. Meneurs	Nourrices	TOTAL.	NOMBRE DE FEMMES enceintes. Reçues	Décédées	NOURRICES sédentaires. Reçues	Décédées	ENFANS abandonnés. Reçus	Décédés	ENFANS aux Nourrices. Reçus	Décédés	ENFANS aux accouchées. Reçus	Décédés	TOTAL des Entrés	Sortis	NOMBRE des Femmes accouchées	Enfans nés morts	NOMBRE des Malades aux infirmeries. Femmes	Enfans
1	24	12	»	23	»	»	550	1	»	»	»	9	3	»	»	6	»	16	7	6	»	12	3
2	24	12	»	26	2	15	580	7	2	»	»	16	4	»	»	8	»	31	6	8	»	9	2
3	23	12	»	28	2	15	591	8	»	»	»	15	6	»	»	9	»	32	6	9	»	10	2
4	23	12	»	28	3	29	625	11	»	»	»	22	4	»	»	8	»	41	4	8	»	10	2
5	23	12	»	30	2	39	635	7	»	»	»	13	2	»	»	8	»	28	2	8	»	5	2
6	24	12	»	29	3	52	682	7	»	1	»	10	9	1	»	7	»	26	9	7	»	»	3
7	24	12	»	27	2	34	649	6	»	»	»	15	5	»	»	4	»	25	5	4	»	5	2
8	23	12	»	25	2	19	613	6	»	1	»	10	8	1	1	3	»	21	9	4	1	8	2
9	24	12	»	29	2	34	624	7	»	»	»	11	5	»	»	7	»	25	5	8	1	9	2
10	24	12	»	27	5	47	660	10	»	»	»	20	5	»	»	2	»	31	5	2	»	9	2
11	24	12	»	30	3	39	678	7	»	»	»	16	6	»	»	5	»	28	6	7	2	9	2
12	24	12	»	30	4	73	684	3	»	»	»	15	5	»	»	4	1	22	6	4	»	10	3
13	25	11	»	31	3	31	652	7	»	1	»	16	5	1	»	5	»	30	5	5	»	10	3
14	26	11	»	35	1	12	590	5	»	1	»	17	8	1	»	6	»	30	8	6	»	9	2
15	26	11	»	29	»	»	549	5	»	»	»	15	9	»	»	4	»	24	9	4	»	10	3
16	28	11	»	28	1	8	569	4	»	2	»	17	9	2	»	5	1	30	10	6	1	10	3
17	28	11	»	29	2	19	598	11	»	»	»	15	9	»	1	6	1	32	11	8	2	9	3
18	27	11	»	26	3	34	624	7	»	»	»	19	9	»	»	4	1	30	10	6	2	9	3
19	26	12	»	27	2	23	600	5	»	»	»	14	11	»	»	6	»	25	11	6	»	8	2
20	25	12	»	30	1	15	578	6	»	»	»	12	5	»	»	8	»	26	5	8	»	7	2
21	25	12	»	31	»	»	566	8	»	»	»	18	9	»	»	7	»	28	9	7	»	7	2
22	25	12	»	29	»	»	546	1	»	»	»	14	8	»	»	7	»	22	8	8	1	7	2
23	25	12	»	26	»	»	550	4	2	»	»	18	7	»	1	4	»	26	10	4	»	6	2
24	24	12	»	26	1	6	574	9	»	»	»	25	10	»	»	6	»	40	10	6	»	5	2
25	24	12	»	22	4	41	615	5	»	»	»	15	5	»	»	2	1	22	6	2	»	6	2
26	24	12	»	22	4	44	625	2	»	»	»	23	6	»	»	5	»	30	6	5	»	6	2
27	24	12	»	20	2	27	595	3	»	»	»	13	7	»	»	7	»	23	7	7	»	6	2
28	24	12	»	12	»	5	514	3	»	»	»	18	8	»	»	4	»	23	8	4	»	7	2
29	23	10	»	13	»	»	518	1	»	»	»	10	5	»	2	6	»	17	7	6	»	7	2
30	21	10	»	15	1	12	542	9	1	»	»	15	9	»	1	3	1	27	12	5	»	7	2
	736	350	»	781	53	709	18,006	175	5	6	»	461	203	6	6	166	6	814	222	176	10	259	68
	1,086				762																		

TABLEAU GÉNÉRAL (1) des Individus qui ont habité l'hospice de la MATERNITÉ, sections d'Allaitement et d'Accouchement réunies, depuis le premier Germinal an X, jusqu'au 30 Ventose an XI; (2) des Alimens et (3) des autres Denrées de tout genre qui leur ont été fournis.

N. B. On n'a pas compris au nombre des denrées les médicamens; ils sont portés au tableau des dépenses en argent, d'après le compte de la Pharmacie centrale.

(N°. 1.) Mouvement général des Employés et autres Individus nourris.

DÉSIGNATION des MOIS.	Officiers de santé.		Employés et Gens de service.						Passagers.		
	Chirurgiens.	Sages-Femmes.	Employés.	Surveillantes.	Berceuses.	Apprenties.	Filles de service.	Hommes de service.	Meneurs.	Nourrices. A lait.	Nourrices. Sèches.
Germinal an X.	28	199	60	410	479	40	770	210	33	591	»
Floréal	10	199	60	390	480	60	727	210	38	627	18
Prairial	»	210	60	390	480	160	722	230	40	710	6
Messidor	»	298	60	390	507	180	730	330	43	602	»
Thermidor	»	249	60	384	510	180	733	297	41	556	»
Fructidor	»	472	105	455	594	98	875	255	42	718	»
Vendém. an XI.	»	479	90	390	504	60	749	210	91	1,526	»
Brumaire	»	450	90	388	488	60	750	210	84	1,263	»
Frimaire	»	505	102	360	488	68	757	210	54	784	»
Nivose	»	1,937	120	360	610	300	750	238	54	648	»
Pluviose	»	1,931	120	337	550	279	724	282	27	332	»
Ventose	»	1,857	120	330	658	284	717	261	53	709	»
Totaux	48	8,856	1,047	4,584	6,248	1,769	9,034	2,933	611	8,886	24

Suite du N°. 1.

DÉSIGNATION des MOIS.	Femmes. Enceintes.	Femmes. En couche.	Femmes. Nourrices. A un enfant.	Femmes. Nourrices. A 2 enfans.	Enfans. Abandonnés. A la crèche.	Enfans. Abandonnés. Au-dessous de 6 mois.	Enfans. Abandonnés. Sevrés.	Enfans. Appartenans aux Nourrices. Au-dessous de 6 mois.	Enfans. Appartenans aux Nourrices. Au-dessus de 6 mois.	Enfans. Appartenans aux Nourrices. Sevrés.	Total général des personnes nourries.
Germinal an X.	3,958	1,575	365	3,358	1,580	4,091	158	2,035	1,393	155	21,683
Floréal	3,282	1,688	68	3,092	2,355	3,676	88	1,881	1,379	99	20,427
Prairial	2,641	1,256	396	2,828	1,102	3,303	116	2,000	1,303	93	18,088
Messidor	2,470	1,224	248	2,929	1,211	3,330	130	2,139	1,150	48	18,041
Thermidor	2,201	1,218	607	2,704	1,139	3,028	112	2,241	1,208	»	17,646
Fructidor	2,815	1,387	198	3,816	1,460	4,285	142	2,532	1,555	»	21,815
Vendém. an XI.	2,441	1,242	1,673	1,609	693	1,873	58	2,097	1,241	»	16,778
Brumaire	2,959	1,360	1,374	331	1,097	326	132	1,230	489	»	13,081
Frimaire	2,972	1,631	84	774	1,748	687	87	971	70	»	12,352
Nivose	3,433	1,647	49	898	2,917	784	91	1,021	154	»	13,911
Pluviose	3,536	2,026	120	1,107	4,184	844	241	1,205	»	354	18,339
Ventose	3,272	1,782	83	1,265	3,393	1,095	260	1,515	392	»	18,046
Totaux	36,040	18,035	5,265	24,709	22,879	27,427	1,615	20,887	10,518	779	212,144

(N°. 2.) DISTRIBUTION DES ALIMENS.

DÉSIGNATION des MOIS.	Pain blanc.	Vin de Malades.	Vin de Valides.	Viande.	Légumes secs. Haricots.	Légumes secs. Lentilles.	Légumes verts.	Soupes maigres.	Lait.	Oeufs.	Vermicel.	Raisiné.	Pruneaux.	Sel.
	Livres.	Litres.	Litres.	Livres.	Hectolitr.	Hectolitr.	Livres.	Nombre.	Litres.	Nombre.	Livres.	Livres.	Livres.	Livres.
Germinal an X.	19,970	1,074	2,590	12,140	5,530	5,618	1,942	6,865	2,178	1,700	32	68	397 [illegible]	729
Floréal	18,160	978 ½	2,597 ½	10,915	6,500	3,460	2,064	1,667	2,113	1,278	86	143 [illegible]	460	820
Prairial	17,548	723	2,846	10,993	5,000	4,000	1,767	2,264	1,983	2,082	67	111 [illegible]	1,064	718 [illegible]
Messidor	17,233	497	2,870	10,566	7,500	5,930	5,843	7,473	2,077	3,725	98 [illegible]	104 [illegible]	285 [illegible]	703 [illegible]
Thermidor	16,834 [illegible]	728	2,644	11,075	2,100	1,440	3,000	7,227	2,109	2,044	140 ½	6	375	672
Fructidor	20,441	1,060	2,991	13,256	2,000	3,800	4,048	8,750	2,370	2,180	83	»	377 [illegible]	859 [illegible]
Vendémiaire an XI.	18,466 [illegible]	1,097 [illegible]	2,406 [illegible]	11,142	4,500	6,000	2,957	7,516	1,992	1,872	130	»	154	712
Brumaire	15,825	1,188	1,843 [illegible]	10,228	5,400	4,500	2,135	6,083	1,560	1,576	89	»	142	607
Frimaire	13,650 [illegible]	901 [illegible]	1,266 [illegible]	8,477	3,500	3,700	338,695	5,130	1,369	1,532	132 [illegible]	»	200 [illegible]	534 [illegible]
Nivose	16,232	1,712	2,361 [illegible]	10,098	4,000	3,000	3,301	6,308	1,991	2,300	117 [illegible]	»	240 [illegible]	726 [illegible]
Pluviose	16,791 [illegible]	927	2,677 [illegible]	10,583	3,000	3,002	2,596	6,616	2,119	2,100	190	»	205 [illegible]	759 [illegible]
Ventose	17,186	987	2,902	10,628	3,000	5,000	2,607	7,188	2,680	1,850	173	»	268 [illegible]	798 [illegible]
Totaux	208,656 [illegible]	11,599 [illegible]	[illegible]	139,967	[illegible]	56,338	[illegible]	87,661	24,977	24,281	1,338 [illegible]	431	3,191 [illegible]	8,356 [illegible]

Suite du N°. 2.

DÉSIGNATION des MOIS.	Poisson. Frais.	Poisson. Salé.	Beurre. Frais.	Beurre. Salé.	Fromage de Comté.	Fromage de Marolles.	Farine de Riz.	Farine d'Orge.	Farine de Froment.	Oseille cuite.	Sucre et Cassonade.	Vinaigre.	Poivre.	Huiles d'Oeillette.	Huiles à brûler.
	Livres.	Livres.	Livres.	Livres.	Livres.	Nombre.	Livres.	Livres.	Livres.	Livres.	Livres.	Litres.	Livres.	Livres.	Livres.
Germinal an X.	24	»	29	89 ½	169 [illegible]	»	25	»	70	220	62 ½	69	1 ½	4 ½	9
Floréal	26	26 [illegible]	37	99	215	»	31	23 [illegible]	70	30	62 ¼	31	1 ½	4	15 [illegible]
Prairial	»	77 [illegible]	40 [illegible]	85	187	200	22	16 [illegible]	86	»	58 ½	40 ½	1 ½	19	5
Messidor	»	53	55	101	104	229	22	11 [illegible]	68	»	61 ½	29 ½	1	12 [illegible]	7
Thermidor	»	36 [illegible]	64	96	154	375	»	10	84	»	58	80 [illegible]	1	44 [illegible]	64
Fructidor	»	80 [illegible]	74	181	9	606	»	9	80	»	67	87 [illegible]	»	80 [illegible]	6 ½
Vendémiaire an XI.	»	69	59	70	»	637 [illegible]	»	»	86	»	63	62 [illegible]	1 [illegible]	70 [illegible]	11 [illegible]
Brumaire	184	63	54	34	»	366 [illegible]	»	»	77	»	57	67 [illegible]	1 [illegible]	67 [illegible]	8 ½
Frimaire	427	64 ½	48	126	51	318 [illegible]	»	»	93	»	63	62 [illegible]	1 [illegible]	65 [illegible]	12 [illegible]
Nivose	880	80	62 [illegible]	20	75	597	»	»	103	»	102	72	2	53 [illegible]	22 ½
Pluviose	284	186 ½	71 [illegible]	182	73 [illegible]	418 [illegible]	»	»	40	»	104	49 [illegible]	2	10	18
Ventose	314	171 [illegible]	63 [illegible]	72	102	440 [illegible]	»	»	91	»	105 [illegible]	85 [illegible]	2	31 [illegible]	14
Totaux	1,859	909 [illegible]	676 [illegible]	1,185 [illegible]	1,110 [illegible]	4,108 [illegible]	100	71 [illegible]	958	250	880	797 [illegible]	17	451 [illegible]	134 [illegible]

Troisième partie du Tableau N°. LIII.

DÉSIGNATION des MOIS	(N°. 3). Feux, Lumières, Propreté, Couchers, Sépultures, Entretien.														
	Lumières.	Bois.	Charbon.	Chandelle.	Balais.	Toile à Suaire.	PAILLE DE Seigle.	PAILLE DE Froment.	Menue Paille d'avoine.	Épingles.	FIL À coudre ou gros.	FIL À retordre ou fin.	Ruban de fil.	Manches à balais.	Journées de blanchisseuse.
	Heures.	Stères.	Voies.	Livres.	Nombre.	Aunes.	Bottes.	Bottes.	Boisseaux.	Nombre.	Poignées.	Livres.	Pièces.	Nombre.	Nombre.
Germinal an X.	»	96	20½	5¼	276	2	»	»	»	5,000	»	¼	»	»	19,473
Floréal...	17,484	68	31½	49	202	10	»	20	200	5,000	18½	»	»	»	17,608
Prairial...	15,701	50	33½	51	260	10	»	75	336	11,000	37	»¼	62	»	15,061
Messidor...	14,916	47½	38	48	383	»	»	200	»	4,500	18	2	30	»	14,879
Thermidor...	17,081	53	35	43	484	9	»	225	48	10,500	»	35	17½	»	14,518
Fructidor...	26,784	69	38	56	500	2¼	»	100	240	3,000	1	6	¼	»	19,107
Vendémiaire an XI.	31,002	67	31	72	500	»	»	70	178	2,500	2	30	»	»	14,743
Brumaire...	35,332	106	32½	142	330	»	»	150	240	2,000	1	2	2	»	10,065
Frimaire...	36,031	137	28	151½	312	»	»	»	»	6,000	30	»	1	»	10,337
Nivose...	40,273	136½	30	143	430	»	»	»	»	5,500	1	2	1	»	13,603
Pluviose...	39,084	182	33	177½	400	»	»	50	»	7,500	16	1	»	»	16,017
Ventose...	33,416	151	40	155	430	40	»	»	»	12,000	18	»	2	»	15,606
Totaux...	307,997	1,163	388½	1,138	4,489	93	»	890	1,342	74,500	142½	84½	128	»	181,319

Tableau N°. LIV, page 181.

TABLEAU des Dépenses faites à la MATERNITÉ, depuis le premier Germinal an X, jusqu'au 30 Ventose an XI, tant en argent que d'après les fournitures réduites en argent.

NATURE DES DÉPENSES PENDANT L'ANNÉE.

MOIS.	(N°. 1) APPOINTEMENS.	(N°. 2). CONTRIBUTIONS.	(N°. 3). Menues Dépenses faites par l'Agent.	(N°. 4). SOUMISSIONS pour les Bâtimens le ⅕ déduit à cause des réductions présumées.	(N°. 5). BUREAUX.	(N°. 6). NOURRICES DE CAMPAGNE. DÉPART.	(N°. 7). NOURRICES SÉDENTAIRES. GAGES.
	fr.	fr.	fr.	fr.	fr.	fr.	fr.
Germinal an X.	5,291 03	443 145	266 65	6,575 59	552 59	3,917 67	1,619 50
Floréal...	3,537 56	443 145	74 80	767 12	552 59	4,389 77	840 36
Prairial...	3,517 70	443 145	265 20	5,586 52	552 59	5,178 12	512 35
Messidor...	5,032 91	443 145	512 55	1,385 03	552 59	3,917 28	2,538 60
Thermidor.	5,015 77	443 145	561 85	1,705 30	552 59	4,203 84	885 25
Fructidor..	2,968 18	443 145	187 86	644 63	552 59	4,853 15	759 95
Vendém. an XI.	2,975 67	443 145	436 18	4,756 53	552 59	6,618 53	222 75
Brumaire...	3,939 03	443 145	552 40	1,505 90	552 59	6,033 94	247 50
Frimaire...	3,052 07	443 145	547 24	2,942 68	552 59	5,719 60	50 25
Nivose...	5,101 43	443 145	1,010 56	214 67	552 59	4,786 69	» »
Pluviose...	3,153 58	443 145	1,001 80	827 41	552 59	2,319 58	» »
Ventose...	5,115 67	443 145	1,164 82	170 55	552 59	4,238 26	1,815 19
							* 5,621 05
Totaux...	57,268 69	5,317 740	7,115 66	26,659 43	6,631 08	56,178 21	14,910 74

* Cette somme est affectée aux trois derniers mois de l'an X, mais a été payée dans les trois premiers mois an XI.

Suite du Tableau N°. LIV.

MOIS.	(N°. 8). FOURNITURES EN LINGE, USTENSILES de ménage, etc.	(N°. 9). ALIMENS ET ENTRETIEN, N°s. 2 et 3 du précédent Tableau.	(N°. 10). MOIS DE NOURRICES de la campagne et Pensions diverses.	(N°. 11). TROUSSEAUX DES ENFANS de la campagne.	(N°. 12) PRIX DU PAIN et de son transport.	TOTAL des DÉPENSES PAR MOIS.	TOTAL GÉNÉRAL DE LA DÉPENSE.
	fr.	fr.	fr.	fr.	fr.	fr.	
Germinal an X.	2,030 00	9,772 60	16,857 63	4,741 51	4,120 4,952	53,908 0582	
Floréal...	3,029 20	9,058 80	45,268 19	5,559 18	3,777 0130	77,063 7,180	
Prairial...	2,051 75	8,332 07	18,387 04	8,805 03	3,626 5,624	57,055 8,824	
Messidor...	» »	8,441 91	58,160 02	5,687 85	3,369 7,724	68,040 4,574	
Thermidor.	» »	8,823 98	23,846 40	6,728 03	3,485 3,506	54,235 5,556	
Fructidor..	» »	10,970 54	20,909 74	6,466 78	4,225 6,570	53,787 2,030	
Vendém. an XI.	» »	9,603 24	19,054 77	12,124 14	3,820 5,107	60,567 8,557	
Brumaire...	» »	9,335 73	25,343 51	10,182 58	5,285 1,800	59,995 3,250	.... 723,578 fr. 5,544
Frimaire...	3,890 85	9,063 97	20,010 91	5,906 53	2,850 8,860	54,090 5,410	
Nivose...	2,412 00	10,785 15	23,587 59	7,839 17	3,380 1,561	57,911 1,521	A ajouter : Part dans les frais de l'Administration génér^le. des hosp. } 7,959 5,300**
Pluviose...	2,705 88	11,951 78	29,504 15	5,002 50	5,475 7,442	60,917 9,392	
Ventose...	» »	11,483 24	25,828 24	6,915 05	5,576 5,638	59,281 1,188	Dépense de la Pharmacie, (page 150 du Rapport). } 4,071 8,400**
						5,621 0500	
Totaux...	16,119 68	117,621 01	306,493 17	85,886 59	43,171 6,544	725,565 5,544	736,384 7,244

** Ces deux sommes n'ont pas été employées dans la formation de la première masse de dépense, Tableau LV. L'omission a été apperçue trop tard pour être réparée ; elle n'étoit pas assez considérable pour recommencer tous les calculs.

DÉPENSE, EXERCICE AN X.

NOMS des MOIS.	Nombre des Enfans partis.	Layettes délivrées.	Demi-Maillots.	VÊTURES. 1re.	2e.	3e.	4e.	5e.	6e.	VOYAGE des Nourrices.	1er. Mois d'avance aux Nourrices.	DROITS des Meneurs.	Indemnité de vivres.	DROITS de Payes.	TOTAUX des Sommes payées	MOIS de nourrices à la campagne	Pensions à la campagne.
										fr. c.	fr. c.	fr. c.	fr. c.	fr. c.	fr. c.	fr. c.	fr. c.
Germinal an X.	226	183	17	11	6	»	»	»	»	1,100 »	1,260 »	1,316 »	» »	230 67	3,906 67	6,891 75	8,914 86
Floréal	286	219	18	18	5	»	1	1	8	1,930 »	1,319 »	1,268 »	34 60	122 15	4,653 75	25,116 90	18,706 9
Prairial	294	256	28	15	10	3	4	3	1	1,611 »	1,792 »	1,720 »	42 20	118 92	5,178 12	9,193 80	9,130 54
Messidor	249	195	27	24	3	»	2	7	7	1,061 »	1,338 »	1,340 »	32 60	119 68	3,911 28	27,069 58	10,968 60
Thermidor	225	183	21	17	4	»	1	2	5	1,131 18	1,267 »	1,347 »	33 20	124 39	4,203 84	17,396 40	6,505 »
Fructidor	271	226	19	16	9	4	6	1	2	1,068 43	1,334 »	1,303 »	41 »	84 08	4,853 13	12,821 92	8,052 89
Vendémiaire an XI.	319	317	14	9	5	»	1	2	»	2,308 57	2,198 »	1,873 »	49 61	193 98	6,618 33	13,374 72	3,413 57
Brumaire	335	310	32	21	9	1	2	»	1	1,763 »	2,093 »	1,913 »	57 20	200 71	6,029 94	20,939 34	4,394 17
Frimaire	287	258	24	18	6	2	»	»	5	2,003 65	1,799 »	1,878 »	40 60	228 33	5,749 60	14,930 1	5,060 90
Nivôse	260	224	28	17	9	»	»	6	3	1,781 10	1,540 »	[illegible] »	36 20	228 39	4,788 69	19,271 84	3,921 58
Pluviôse	144	122	20	15	4	1	1	»	1	666 »	846 »	730 »	17 40	58 18	2,319 58	24,386 87	5,108 76
Ventôse	259	215	42	21	27	»	»	1	1	1,068 »	1,498 »	1,384 50	38 20	134 56	4,220 26	20,325 01	6,391 63
Totaux.	3,2[illegible]	2,700	297	198	91	11	21	21	36	17,492 [illegible]	18,7[illegible] »	17,6[illegible] 50	426 8[illegible]	1,817 [illegible]	56,103 [illegible]	213,569 46	76,567 95

SECOND SÉMESTRE; ET PREMIER SEMESTRE AN XI.

MOIS et Pensions à divers.	Voyages d'enfans, ou nourrices malades.	LETTRES et besoins journaliers.	VÊTURES PAR BORDEREAUX. 1re.	2e.	3e.	4e.	5e.	6e.	Nourrices sédentaires.	TRAITEMENS ET GAGES. AGENCE et BUREAUX.	SERVICE de santé et du culte catholique.	Allaitement.	Accouchement.	TOTAUX.	OUVROIR.	OBJETS non compris dans les marchés.	Fondation de Gérard LAMY.
fr. c.	fr.	fr. c.							fr. c.	fr. c.	fr. c.	fr. c.	fr. c.	fr. c.	fr. c.	fr. c.	fr. c.
101 »	9	111 05	14	2	6	»	»	1	1,619 50	1,608 32	783 33	706 14	193 29	3,291 08	396 50	206 65	» »
42 »	36	115 60	15	10	8	1	5	2	840 35	1,608 32	783 33	738 46	197 45	3,327 56	292 31	74 80	» »
63 20	»	89 02	19	10	14	10	9	2	612 35	1,608 32	783 33	728 89	197 45	3,317 70	318 15	163 90	» »
191 58	6	111 90	28	26	13	4	9	7	2,338 10	1,608 33	638 32	565 81	197 43	3,032 91	254 11	512 33	300 »
18 »	»	93 »	27	9	6	6	2	1	885 25	1,690 96	658 32	567 74	197 45	3,013 77	161 05	552 80	» »
33 »	»	57 53	35	18	9	7	6	1	750 98 Supplémens payés en l'an XI. 5,601 05	1,510 49	658 32	569 92	197 45	2,958 16	314 74	993 80	» »
246 48	»	99 40	128	52	58	58	60	14	222 75	1,541 65	708 32	528 26	197 45	2,975 62	267 08	116 18	» »
10 »	6	94 80	77	19	11	20	35	22	417 30	1,541 66	600 66	533 29	197 45	2,989 05	378 56	352 40	» »
» »	»	114 45	33	15	13	7	5	9	50 25	1,541 66	741 65	551 32	197 45	3,032 07	471 36	[illegible]	» »
194 »	»	75 »	66	26	20	19	22	8	» »	1,583 50	711 65	577 42	199 6	3,201 13	409 95	1,010 56	102 »
58 50	»	59 85	90	35	16	8	16	13	» »	1,604 99	711 65	597 42	189 62	3,153 68	309 18	1,0[illegible] 80	» »
94 »	18	71 50	70	26	19	10	8	8	1,813 19	1,604 99	699 99	604 35	186 34	3,115 87	199 68	1,084 82	» »
987 76	75	1,110 22	672	248	191	150	177	119	14,930 54	19,004 30	8,604 87	7,271 71	2,347 81	37,268 69	3,873 3	7,115 66	600 »

EXPLICATIONS:

1°. SUR LES VÊTURES ET DEMI-MAILLOTS.

Les Vêtures, après les Layettes et Demi-Maillots, sont données aux enfans lors de leur départ, en raison de leur âge.

Le Demi-Maillot est toujours donné en sus des vêtures des trois premiers âges.

Les Vêtures appelées par bordereaux, sont envoyées aux enfans, d'année en année, jusqu'à 6 ans accomplis.

La 6e. Vêture est la dernière que l'on donne en nature.

2°. DES SOMMES PAYÉES EN ARGENT.

Le voyage des nourrices est plus ou moins cher, selon que le domicile du meneur auquel elles sont attachées est plus ou moins éloigné de Paris.

Le premier mois d'avance n'est payé au départ que pour les enfans à lait. Les mois suivans, pour ceux-ci, et tous les mois depuis le départ pour les autres, sont réglés et payés par trimestre.

Le droit du meneur est le prix convenu avec lui, selon la distance, pour transporter et rendre à domicile la nourrice, l'enfant et son trousseau.

L'indemnité de vivres consiste en 20 centimes donnés au meneur par chaque femme à lait qu'il amène à l'hospice; elle lui tient lieu des vivres qu'on donnoit précédemment à son charretier.

Le droit de passe est le remboursement fait au meneur, des droits par lui acquittés en chemin, pour l'entretien des routes.

Pour l'intelligence des mots, *mois de nourrices et pensions*, il faut savoir que l'enfant est dit en nourrice jusqu'à 7 ans, et en pension de 7 à 12. La pension cesse alors.

Les *divers*, sont les particuliers ayant des enfans de l'hospice et qui n'appartiennent à aucun meneur, parce qu'ils sont trop éloignés de leur résidence. C'est pour maladies graves et qu'on ne peut pas facilement traiter sur les lieux, que les enfans et leurs nourrices viennent à Paris; toujours sur l'ordre des officiers de santé.

Les objets non compris dans les marchés, sont des articles nécessaires, mais pour lesquels il n'y a pas de marché *ad hoc* avec un fournisseur spécial.

La fondation de Gérard Lamy date du 18 octobre 1780: elle est au principal de 20,000 francs; son objet est l'éducation d'un chirurgien. Honoré Dufour, élève en chirurgie et de l'hospice, en est pourvu depuis le 25 germinal an VII.

DETAIL pour servir à l'explication de la colonne 11, ou ÉTAT des Objets qui composent particulier, et le prix total de ces

N. B. Le prix porté ici n'étant que celui des étoffes, il faut ajouter celui de la confection des pièces qui sont cousues;

LAYETTE ENTIERE.

SECOND SÉMESTRE AN X.

		PRIX.	PRIX MOYEN.	PRIX TOTAL. fr.	c.	m.	
Béguins	5	19 et 17 cent.	18 c.	»	90	»	1 $\frac{1}{11}$ d'aulne en toile $\frac{7}{8}$
Bonnets d'indienne	2	63 cent.		1	26	»	S'achettent toujours tout coupés.
Bonnet de laine	1	37 cent. 5 mil.		»	37	5	Poids moyen, 1 once de laine.
Brassières de laine	2	1 fr. 25 cent.		2	50	»	Tiers d'aulne en étoffe, de 22 à 24 onc.
Chemises en brassière	5	44 cent.		2	20	»	$\frac{1}{11}$ d'aulne en toile $\frac{3}{4}$
Couches	6	50 et 52 cent.	51 c.	3	06	»	$\frac{7}{8}$ d'aulne en $\frac{7}{8}$, Draps de 4 ficelles.
Couverture	1	3 fr. et 2 fr. 94 c.	2 fr. 97 c.	5	94	»	Poids moyen, 2 livres.
Fichus de toile	5	17 cent.		»	85	»	$\frac{1}{11}$ d'aulne en toile $\frac{3}{4}$
Langes de laine	2	1 f. 15 et 1 f. 20.	1 fr. 17 c.	2	34	»	S'achettent tout faits.
Langes piqués	2	1 f. 24 et 1 fr 19.	1 fr. 21 c. 5 mil.	2	42	10	*Idem.*
TOTAL des pièces	31	Prix total de la Layette entière		21	84	15	

DEMI-MAILLOT.

SECOND SÉMESTRE AN X.

		PRIX.	PRIX MOYEN.	PRIX TOTAL. fr.	c.	m.
Béguin	1	19 et 17 cent.	18 c.	»	18	»
Bonnet de laine	1	37 cent. 5 mil.		»	37	»
Brassière de laine	1	1 fr. 25 cent.		1	25	»
Chemise en brassière	1	44 cent.		»	44	»
Couches	4	50 et 52 cent.	51 c.	2	04	»
Couverture	1	3 fr. et 2 fr. 94 c.	2 fr. 97 c.	5	94	»
Fichus de toile	1	17 cent.		»	17	»
Langes de laine	2	1 f. 15 et 1 f. 20	1 fr. 17 c.	2	34	»
Langes piqués	2	1 f. 24 et 1 f. 19	1 fr. 21 c. 5 mil.	2	42	10
TOTAL des pièces	14	Prix total du Demi-Maillot		15	15	10

la Layette entière et le Demi-Maillot, avec le prix de chacun en deux espèces de distributions.

ce peut être une augmentation de 40 centimes pour les Layettes, 60 cent. pour les Vêtures.

LAYETTE ENTIÈRE.

PREMIER SÉMESTRE AN XI.

		PRIX.	PRIX MOYEN.	PRIX TOTAL. fr.	c.	mil.
Béguins	5	17 c. 16 c. 6 mil.	16 c. 8 mil.	»	84	»
Bonnets d'indienne	2	64 c. et 65 c.	64 c. 5 mil.	1	29	»
Bonnet de laine	1	37 c. 5 mil.		»	37	5
Brassières de laine	2	75 c.		1	50	»
Chemises en brassière	5	45 c.		1	35	»
Couches	6	58 c.		3	48	»
Couverture	1	3 fr. le ½ kilog.		6	»	»
Fichus de toile	5	18 c.		»	90	»
Langes de laine	2	1 f. 18 et 1 f. 20.	1 fr. 19 c.	2	38	»
Langes piqués	2	1 f. 10 et 1 f. 5 c.	1 fr. 7 c. 5 mil.	2	15	»
TOTAL des pièces	31	Prix total de la Layette entière		20	26	5

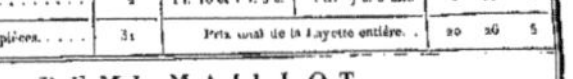

DEMI-MAILLOT.

PREMIER SÉMESTRE AN XI.

		PRIX.	PRIX MOYEN.	PRIX TOTAL. fr.	c.	mil.
Béguin	1	17 c. 16 c. 6 mil.	16 c. 8 mil.	»	16	8
Bonnet de laine	1	37 cent. 5 mil.		»	37	5
Brassière de laine	1	75 cent.		»	75	»
Chemise en brassière	1	43 cent.		»	43	»
Couches	4	58 cent.		2	32	»
Couverture	1	3 fr. le ½ kilog.		6	»	»
Fichus de toile	1	18 cent.		»	18	»
Langes de laine	2	1 f. 18 et 1 f. 20	1 fr. 19 c.	2	38	»
Langes piqués	2	1 f. 10 et 1 f. 5	1 fr. 7 c. 5 mil.	2	15	»
TOTAL des pièces	14	Prix total du Demi-Maillot		14	77	13

ETAT des Objets qui composent les Vêtures, avec le prix de chacun en particulier, et le prix total de chaque Vêture.

SECOND SÉMESTRE AN X.

	Première Vêture.					Deuxième Vêture.					IIIe. (Semblables à la deuxième.)	IVe. (Semblables à la deuxième.)	Cinquième Vêture.				VIe. semblable à la cinquième.
		PRIX.	PRIX MOYEN.	PRIX TOTAL. (fr. c. mil.)			PRIX.	PRIX MOYEN.	PRIX TOTAL. (fr. c. mil.)					PRIX.	PRIX MOYEN.	PRIX TOTAL. (fr. c. mil.)	
Béguins	4	19 et 17 cent.	18 c.	» 72 »		2	Id.	Id.	» 36 »				»				
Bas de laine	2	1 fr. 31 cent.		2 62 »	$\frac{3}{4}$ onc. 1 gr. ½ la p^ire.	2	Id.	Id.	2 62 »				2	Id.	Id.	2 62 »	
Bonnets d'indienne	2	63 cent.		1 26 »		2	Id.	Id.	1 26 »				2	Id.	Id.	1 26 »	
Chemises	4	1 fr. 34 cent.		5 36 »	$\frac{3}{4}$ d'aulne en toile $\frac{3}{4}$	2	Id.	Id.	2 68 »				2	Id.	Id.	2 68 »	
Chemisette de laine	1	2 fr.		2 » »	$\frac{11}{12}$ en étoffe de 22 à 24 pouces.	»							1	Id.	Id.	2 » »	
Couches	2	50 et 52 cent.	51 c.	1 2 »		»							»				
Fichus de garat	4	28 et 30 cent.	29 c.	1 16 »		2	Id.	Id.	» 58 »				2	Id.	Id.	» 58 »	
Langes de laine	2	1 f. 15 et 1 f. 20	1 fr. 17 c.	2 34 »		»							»				
Robe de siamoise	1	2 f. 49 et 2 f. 62	2 fr. 55 c. 5 mil.	2 55 5	$\frac{11}{12}$ d'aulne étoffe $\frac{3}{4}$	1	Id.	Id.	2 55 5				1	Id.	Id.	2 55 5	
Jupon de molleton	»	»	»	» » »	$\frac{3}{4}$ d'aulne en étoffe de 22 à 24 pouc.	1	2 fr. 60		2 60 »				»				
Total des pièces	22			19 3 5		12			12 65 5		12 65 5	12 65 5	10			11 69 5	11 69 5

PREMIER SÉMESTRE AN XI.

	Première Vêture.					Deuxième Vêture.					IIIe.	IVe.	Cinquième Vêture.				VIe.
		PRIX.	PRIX MOYEN.	PRIX TOTAL. (fr. c. mil.)			PRIX.	PRIX MOYEN.	PRIX TOTAL. (fr. c. mil.)					PRIX.	PRIX MOYEN.	PRIX TOTAL. (fr. c. mil.)	
Béguins	4	17 et 16 c. 6 mil.	16 c. 8 mil.	» 67 2		2	17 et 16 6 (c. m.)	Id.	» 33 6								
Bas de laine	2	1 fr. 31 c.		2 62 »		2	Id.	Id.	2 62 »				2	Id.	Id.	2 62 »	
Bonnets d'indienne	2	64 et 65 cent.	64 c. 50 m.	1 29 »		2	Id.	Id.	1 29 »				2	Id.	Id.	1 29 »	
Chemises	4	1 fr. 34 cent.		5 36 »		2	Id.	Id.	2 68 »				2	Id.	Id.	2 68 »	
Chemisette de laine	1	2 fr. 44 cent.		2 44 »		»							1	Id.	Id.	2 44 »	
Couches	2	58 cent.		1 16 »		»							»				
Fichus de garat	4	36 cent.		1 44 »		2	Id.	Id.	» 72 »				2	Id.	Id.	» 72 »	
Langes de laine	2	1 f. 18 et 1 f. 20 c.	1 fr. 19 c.	2 38 »		»							»				
Robe de siamoise	1	à 2 fr. 25 cent.		2 25 »		1	Id.	Id.	2 25 »				1	Id.	Id.	2 25 »	
Jupon de molleton	»					1	2 f. 8 c.		2 8 »				»				
Total des pièces	22			19 61 2		12			11 97 6		11 97 6	11 97 6	10			12 » »	12 » »

12

DÉPENSE de la journée pour chaque classe d'individus nourris à l'hospice de la Maternité, formée seulement de la quantité et du prix des alimens (1).

Distinction des individus.	Pain.	Viande à dîner.	Viande à souper.	Vin.	Légumes.	Soupes maigres.	Raisiné ou pruneaux.	Panade ou vermicel.	Lait.	Sucre	Total de la journée
surveillantes, sous-surveil. directrice d'ouvroir. } Valeur arg.	¾ kilogr. 1 liv. ½ fr. mil. o 315	24 décag. 8 onces. fr. mil. o 167	18 décag. 6 onces. fr. mil. o 125	5 décilit. 1 chop. fr. mil. o 300	2 décilit. ¼ de litron. fr. mil. o 075				2 décilit. ½ 1 demi-sep. fr. mil. o o5o		fr. mil. 1 o32
Employés, Chapelain, offi. de santé.	Le même régime que les surveillantes : du vin au lieu de lait, et une portion un peu plus forte d'alimens.										1 387
Filles de service.	Même régime, moins 2 décilitres ½ de vin, (1 demi-septier).										o 857
Berceuses. Valeur arg.	¾ kilogr. 1 liv. ½ o 315	24 décag. 8 onces. o 167	12 décag. 4 onces. o o83	2 décilit. ½ 1 demi-sep. o 125					2 décilit. ½ 1 demi-sep. o o5o		o 74o
	Les berceuses veillent de trois nuits une; elles ont alors en plus 12 décag. (4 onces) de viande, et 2 décilitres ½ (un demi-septier) de vin. — Total o 208 qui, divisé par tiers, donne pour chaque jour. .								. . . . . .	. . . . . .	o o69 } o 809
Hommes de peine, portier. } Valeur arg.	1 kilogr. 2 liv. o 420	24 décag. 8 onces. o 167	18 décag. 6 onces. o 125	5 décilit. 1 chopine. o 25o							o 962
Femmes enceintes. Valeur arg.	¾ kilogr. 1 liv. ½ o 315	18 décag. 6 onces. o 125	12 décag. 4 onces. o o83	2 décilit. ½ 1 demi-sep. o 137	1 décilit. ⅛ de litron. o o37	1 o o19					o 716
Femmes en couche.	Quoique le régime varie suivant les prescriptions des officiers de santé, il ne doit pas excéder la dépense de celui des femmes enceintes; ainsi, on le comptera pour la même valeur.										o 716
Enfans au-dessous de 3 mois. Valeur arg.									½ de litre. o o5o	1 gros ½ o o11	o o61
Enfans de 3 à 6 mois. Valeur arg.								1 o o56	¼ de litre. o o5o	1 gros ½ o o11	o 117
Enfans au-dessus de 6 mois. Valeur arg.						Soupe grasse ½ o o13		1 o o52	2 décilit. ½ 1 demi-sep. o o5o		o 115
Enfant sevré. Valeur arg.						1 o o26	Oeufs. 9 par mois. o o1o p. jour	½ o o26	décilit. ½ 1 chopine. o 100		o 162
Nourrice sédentaire à 2 enfans. Valeur arg.	1 kilogr. 2 liv. o 420	24 décag. 8 onces. o 167	12 décag. 4 onces. o o83	5 décilit. 1 chopine. o 25o	1 décilit. ⅛ de litron. o o37	1 o o19	6 décag. 2 onces. o o25				1 oo1
Nourrices qui n'ont qu'un seul enfant.	Le régime est le même, à l'exception qu'elles ont de moins 2 décilitres ½ ou 1 demi-septier de vin, et le raisiné ou pruneaux pour goûter : ce qui porte la journée seulement à										o 976
Nourrice de campagne, 4 repas et du pain, tant pour le séjour qu'au départ.	5 kil. ½ 11 liv. 2 31o	72 décag. 1 liv. ½ o 5o1	12 décag. 4 onces. o o83	7 décilit. ½ 3 demi-sep. o 375	Total du séjour d'une nourrice de campagne.						3 269

(1) Dans le Tableau N°. LIII, on porte la fourniture de denrées de plusieurs autres sortes que celles qui sont énoncées ici (du fromage, par exemple). On ne les a pas détaillées dans ce Tableau, parce qu'elles ne sont pas indiquées dans le code, et qu'on les donne pour satisfaire au goût des personnes, seulement lorsqu'elles ne coûtent pas plus cher que les denrées marquées ici.

Ire. Masse. — Masse Commune, ou Dépense de la Maternité à répartir sur tous les individus habitans de l'hospice, ou soignés par son administration.

DÉSIGNATION des PERSONNES.	NOMBRE de Journées.	PRIX d'une Journée, pour ALIMENS.	TOTAL d'après le nombre des journées. Partie des colonnes Nos. 9 et 12 du tabl. LIV.	FRAIS DE CUISINE, ustensiles de coucher, etc. Partie des col. 8 et 9 du tabl. LIV.	FRAIS DIVERS. Colonnes Nos. 2, 3, 4, 5 du tabl. LIV.	Appointemens. Partie de la col. N°. 1 du tabl. LIV.	TOTAL de la dépense par chaque classe.	Prix définitif de la Journée.	OBSERVATIONS.
	fr.	fr.	fr.	à 0. 182 par journée	à 0. 272 par journée	fr.	fr.	fr.	
Agent de Surveillance.	»	»	»						
Chef de comptabilité.	»	»	»	»	»	3,600	3,600	9 863	Ils ne sont pas nourris, et sont compris chacun pour une année.
Commis, (six.)	»	»	»	»	»	2,400	2,400	6 575	
Garçon de caisse.	»	»	»	»	»	9,300	9,300	4 246	
Médecin.	»	»	»	»	»	700	700	1 917	
Chirurgien.	»	»	»	»	»	1,500	1,500	4 109	
Elève en chirurgie.	»	»	»	»	»	1,500	1,500	4 109	
Chapelain.	77	1 387	106 799	21 714	20 944	250	250	1 424 *	* Il n'est compris que pour six mois.
Garde-magasin.	365	1 387	506 255	102 930	99 280	84	233 457	3 031	
Employé du Garde-magasin.	365	1 387	506 255	102 930	99 280	2,166	2,874 465	7 875	
Un Employé	240	1 387	332 880	67 680	65 280	1,000	1,708 465	4 680	
Officiers de santé.	48	1 387	66 576	13 536	13 056	»	465 840	1 941	
Surveillantes.	2,394	1 032	2,470 608	675 108	652 068	62,88	156 048	3 251	
Apprenties.	2,322	0 857	1,989 934	654 804	631 584	2,063 08	5,860 864	2 448	
Filles de service.	2,276	0 857	1,950 532	641 832	619 072	313 47	3,589 812	1 546	
Ouvriers.	378	0 962	363 636	106 696	102 816	614 52	3,825 956	1 681	
						»	573 148	1 516	
TOTAL.	8,465	»	8,293 495	2,387. 230	2,303 380	25,553 95	38,538 055		

IIe. Masse, ou TABLEAU de la Dépense des femmes enceintes et en couche.

DÉSIGNATION des PERSONNES.	Nombre de Journées.	Prix d'une journée, pour Alimens.	TOTAL d'après le nombre des journées. Partie des colonnes 9 et 12 du tableau LIV.	FRAIS DE CUISINE, ustensiles de ménage, etc. Partie des colonnes 8 et 9 du tableau LIV.	APPOINTEMENS. Partie de la colonne N°. 1 du tableau LIV.	FRAIS DIVERS. Colonnes Nos. 2, 3, 4 et 5 du tableau LIV.	FRAIS de la Ire. Masse, reversé sur les 2 autres.	TOTAL de la DÉPENSE, tous frais compris.	FRAIS des individus de cette classe, reversés sur les femmes enceintes et en couche.	TOTAL de la dépense des femmes enceintes et en couche, toutes dépenses comprises.	Prix de la Journée.	OBSERVATIONS.
		fr.	fr.	à 0. 181 par journée	fr.	à 0. 272 par journée	à 0 189 par journée.	fr.	à 0 6,515 par journ.	fr.		
L'Accoucheur en chef.	»	»	»	»	3,000	* »	»	3,000	»	»	8 218	Cette dépense disparoît par le reversément qui en est fait sur les femmes enceintes et en couche.
Sage-Femmes en chef.	365	1 032	376 680	101 930	1,250	99 280	68 985	1,897 875	»	»	5 172	
Elèves sage-femmes.	8,491	1 032	8,762 712	2,394 462	»	2,309 552	1,604 799	15,071 525	»	»	1 775	
Surveillantes.	730	1 032	753 360	205 860	600	198 560	137 970	1,895 750	»	»	2 596	
Filles de service.	5,475	0 857	4,692 075	1,543 950	1,478 250	1,489 200	1,034 775	10,238 250	»	»	1 870	
Cuisinier.	365	0 962	351 130	102 930	250	99 280	68 985	872 325	»	»	2 389	
Hommes de peine.	730	0 962	702 260	205 860	240	198 560	137 970	1,484 650	»	»	2 034	
Portier.	365	0 962	351 130	102 930	150	99 280	68 985	772 325	»	»	2 121	
Femmes enceintes.	36040	0 716	25,804 640	10,163 280	»	9,802 880	6,811 560	52,582 360	23,480 0600	76,062 4200	2 110	
Femmes en couche.	18035	0 716	13,013 060	5,085 870	»	4,905 520	3,408 615	26,413 065	11,749 8025	38,162 8675	2 116	
TOTAUX.	70596		54,807 047	19,908 072	6,968 250	19,202 112	13,342 644	114,228 125	35,229 8625	114,225 2875		

IIIe. Masse, 1re. Section : DÉPENSE des Enfans abandonnés, nourris dans l'hospice.

DÉSIGNATION des PERSONNES.	Nombre de Journées.	Prix d'une Journée pour alimens.	TOTAL d'après le nombre des journées. Partie des colonnes N°s. 8, 9 et 12 du tableau LIV.	FRAIS DE CUISINE, ustensiles de ménage, etc. Partie des colonnes N°s. 8 et 9. du tableau LIV.	FRAIS DIVERS, colonnes N°s. 2, 3, 4, 5 du tableau LIV.	FRAIS de la Ire. Masse, tableau LIV, 2e partie.	APPOINTEMENS. Partie de la colonne N°. 1 du tableau LIV.	TOTAL de la dépense, tous frais compris.	DÉPENSE des huit I^res. classes de personnes, à reverser sur les enfans abandonnés.	TOTAL de la dépense pour les enfans abandonnés.	Prix de la Journée.	OBSERVATIONS.
		fr.	fr.	à 0 282 par journée.	à 0 272 par journée.	à 6 189 par journée.	fr.	fr.	à 2 1,476 par journ.	fr.	fr.	
Surveillantes	1,460	1 032	1,506 720	411 720	397 120	275 940	847 900	3,439 400	»	»	2 353	Cette dépense est reversée en définitif, sur les enfans abandonnés.
Berceuses	6,248	0 809	5,054 632	1,761 936	1,699 456	1,180 872	1,786 960	11,483 856	»	»	1 838	
Nourrices à 1 enfant	5,265	0 976	5,138 640	1,484 730	1,432 080	995 085	1,316 250	10,366 785	»	»	1 969	
Nourrices à 2 enfans	24,709	1 001	25,499 688	6,967 938	6,720 848	4,670 001	12,354 500	56,212 975	»	»	2 275	
Filles de service	365	0 857	312 805	102 930	99 280	68 985	100 000	684 000	»	»	1 873	
Hommes de peine	730	0 962	702 260	205 860	198 560	137 970	240 000	1,484 650	»	»	2 034	
Portier	365	0 962	351 130	102 930	99 280	68 985	150 000	772 235	»	»	2 115	
Enfans appartenans aux nourrices. Enf. au-dessous de 6 mois	20,887	0 089	1,858 943	5,890 134	5,681 264	3,947 643	»	17,377 984	»	»	0 832	(*)
Enfans appartenans aux nourrices. Enf. au-dessus de 6 mois	10,518	0 115	1,209 570	2,966 076	2,860 896	1,987 902	»	9,024 444	»	»	0 858	
Enfans appartenans aux nourrices. Enf. sevrés	729	0 162	118 098	205 578	198 288	137 781	»	659 745	»	»	0 904	
Enf. abandonnés au-dessous de 6 mois	22,879	0 089	2,036 231	6,451 878	6,223 088	4,324 131	»	19,035 328	49,134 9404	68,170 2684	2 9795	
Enfans abandonnés au-dessus de 6 mois	27,427	0 115	3,154 105	7,734 414	7,160 144	5,183 703	»	23,232 366	58,902 2252	82,134 5912	3 0311	
Enfans aband. sevrés	1,615	0 162	261 630	516 030	439 280	305 235	»	1,522 175	3,468 3140	4,990 4880	3 0900	
TOTAUX	123197		47,204 452	34,802 154	33,209 584	23,284 233	16,795 610	155,296 033	110,503 4643	155,295 3486		

(*) Cette dépense, quoique faite pour le service d'enfans, a cependant été reversée sur les enfans abandonnés, parce qu'elle est nécessitée par ces derniers.

IIIe. Masse, 2e Section : DÉPENSE des Enfans envoyés et résidans à la campagne.

DÉSIGNATION des PERSONNES.	NOMBRE de journées.	PRIX d'une Journée pour alimens.	TOTAL d'après le nombre de personnes. Partie des colonnes N°s. 8, 9 et 12 du tableau LIV.	FRAIS de cuisine, ustensiles de ménage, coucher, etc. Partie des colonnes N°s. 8 et 9 du tableau LIV.	FRAIS divers. Colonnes N°s. 2, 3, 4, 5 du tableau LIV.	FRAIS de la Ire. Masse, tableau LIV, 2e partie.	APPOINTEMENS. Partie de la colonne N°. 1 du tableau LIV.	TOTAL de la dépense, tous frais compris.	PRIX de la journée.	OBSERVATIONS.
		fr.	fr	à 0 282 par journée. fr.	à 0 272 par journée. fr.	à 0 189 par journée. fr.	fr.	fr.	fr.	
Meneurs	611	1 317	804 687	172 302	166 192	115 479	»	1,258 660	2 060	
Nourrices à lait	8,886	1 085	9,641 310	2,605 852	2,416 792	1,501 854	»	16,365 800	1 841	
Nourrices sèches	24	1 085	26 040	6 768	6 528	4 536	»	43 872	1 828	
Filles de service	365	0 857	312 805	102 930	99 280	68 985	100 000	684 000	1 873	
	9,887	»	10,784 842	3,087 852	2,688 792	1,690 854	100 000	18,352 340	»	

Extrait du Tableau N°. LIV.		fr. c.
	Colonne N°. 6. Départ des nourrices de campagne	56,178 21
	Colonne N°. 10. Mois de nourrices à la campagne; pensions diverses	306,493 17
	Colonne N°. 11. Layettes et trousseaux des enfans abandonnés à la campagne	85,886 59
	Montant de la seconde section de la troisième masse	18,352 34
	TOTAL	466,910 31

Il existe en nourrice, à la campagne, 4,479 (1) enfans.
La dépense commune de chaque enfant est, pendant une année, de 104,244 mil. Somme égale. 466,910 31

(1) Ce nombre n'est pas exactement le même qui a été porté à la page 157 ; la différence vient de ce que le présent Tableau a été rédigé quelques semaines après ceux dont on s'étoit servi précédemment.

RÉSULTATS des cinq premières parties du Tableau.

I. *Récapitulation des Dépenses des trois Masses.*

		fr.	mil.
La dépense *effective* de l'hospice, tant pour le service intérieur que pour l'extérieur, est de		735,384	7,244
La dépense de la 1re. Masse devoit être, *suivant le code de la Maternité*, de 38,538 fr. 055; elle est répartie sur les deux autres.			
De la 2e. Masse	114,225 2,875		
De la 3e. Masse, 1re. partie	155,295 3,486	736,420	9,461
De la 3e. Masse, 2e. partie	466,910 3,100		
Il convient d'ajouter à la première Masse, pour la part de la maison de la Maternité dans les frais communs de l'Administration des hospices		7,939	3,300
Pour les médicamens pris à la pharmacie centrale		4,071	8,400
Prix de la dépense, telle qu'elle auroit pu être		748,432	1,161
Elle a été seulement de		735,384	7,244
Différence en économie		13,047	2,917

II. *Comparaison des Dépenses de la Maternité, avec les Revenus particuliers à cette maison.*

		fr.	c.
I. Femmes enceintes et en couche. — Dépense		114,225 f.	28
Produit du bénéfice des travaux de l'ouvroir	2,443 75	13,483	75
Pensions des élèves sage-femmes	11,040		
Reste à la charge de la caisse des hospices		100,741	53
II. Enfans abandonnés. — Dépense		622,205	65
Revenus des Enfans-trouvés	339,924 25	342,815	25
Droits payés pour faire la recherche des enfans abandonnés et remboursemens faits en les retirant	2,891		
Différence pour laquelle les hospices sont en avance		279,390	40

Il a été remis entre les mains de la surveillante de la crèche, par des personnes bienfaisantes, environ 240 fr. qui ont été employés à acheter du linge pour tabliers, et à quelques réparations mobiliaires. Les sommes données ont été trop modiques, et la juste confiance en la surveillante, trop grande pour assujettir quant à présent cet objet à une comptabilité rigoureuse.

III. *État de la Dépense d'un Enfant à différentes époques de sa vie, jusqu'à 12 ans.*

	fr.	c.
Enfant arrivé au 30e. jour de sa naissance.		
5 jours à la crêche, à 2 fr. 97 l'un	14	85
15 jours aux nourrices sédentaires, à 2 fr. 97 l'un	44	55
Gratification à la nourrice sédentaire	2	»
2 journées de la nourrice de campagne	3	68
1 mois payé d'avance	7	»
Layette au départ	21	84
Départ, distance moyenne, voyage de la nourrice	6	»
de l'enfant	6	»
Frais du meneur	1	53
Total	107	45
Du 30e. jour au 365e., ou à 12 mois.		
10 mois à 7 fr. l'un	70	»
10 jours	2	34
Un demi-maillot à 9 mois	15	15
Au 3e. mois, prime ou récompense	8	»
Au 6e.	6	»
Au 9e.	6	»
Total, à 12 mois	214	94
De 12 mois à 36 mois, ou 3 ans.		
12 mois à 6 fr.	72	»
A 20 mois, 1re. vêture	19	03
A 24 mois, une vêture	12	65
12 mois à 5 fr.	60	»
A 3 ans, une vêture	12	65
Total, à 3 ans	391	27
De 3 ans à 6 ans.		
36 mois à 5 fr.	180	»
A 4 ans, une vêture	12	65
A 5 ans	11	69
A 6 ans	11	69
Total, à 6 ans	607	30
De 6 ans à 9 ans.		
12 mois à 5 fr.	60	»
2 ans à 40 fr.	80	»
Total, à 9 ans	747	30
De 9 ans à 12 ans.		
3 ans à 40 fr.	120	»
Une vêture	50	»
Total, à 12 ans	917	30

IV. *HYPOTHÈSE de 8 Enfans apportés le même jour.*

2 sont morts à 5 jours; ils ont dépensé	29 f.	70
1 est mort à 1 mois; il a dépensé	107	45
1 à 1 an	214	94
1 à 3 ans	391	27
1 à 6 ans	607	30
1 à 9 ans	747	30
1 reste vivant à 12 ans	917	30
Total de la dépense	3,015	26
Reste	un enfant.	

Tableau No. LV *bis*, page 187.

Tableau Comparatif du prix de la journée; de la durée commune du séjour des malades; et de la dépense commune des mêmes malades dans les hopitaux, pendant l'an X.

NOMS des Hopitaux.	PRIX de journées.		DURÉE du séjour.	DÉPENSE de la maladie.	
	fr.	c.	Journées.	fr.	mil.
Hotel-Dieu....	1	41	43 $\frac{13}{14}$	61	75
La Charité....	1	81	25 $\frac{1}{2}$	46	16
St.-Antoine....	1	64	28 $\frac{1}{3}$	46	47
Hopital Necker.	1	16	30 $\frac{9}{11}$	35	70
Hop. Baujon....	1	98	23 $\frac{11}{12}$	47	56
Hop. Cochin....	1	16	36 $\frac{1}{4}$	41	05
Hop. St.-Louis..	1	29	131 $\frac{1}{2}$	169	63
Vénériens.....	1	30	77 $\frac{1}{2}$	100	75
Enfans Malades...	1	23	29 $\frac{1}{2}$	36	28

Tableau No. LV *ter*, page 187.

Tableau comparatif de la mortalité dans les hopitaux, pendant les années IX, X, et six premiers mois an XI.

ANNÉES.	Hotel-Dieu.	La Charité.	St.-Antoine.	Hop. Necker.	Hop. Baujon.	Hop. Cochin.	Hop. St.-Louis.	Vénériens.	Enfans malad.
IX.	1 sur 7	1 sur 8 $\frac{4}{11}$	1 sur 7	1 sur 8	1 sur 7 $\frac{1}{2}$	1 sur 5 $\frac{3}{4}$	1 sur 8	1 sur 20 $\frac{8}{11}$	
X.	1 sur 6	1 sur 8 $\frac{1}{4}$	1 sur 6 $\frac{1}{2}$	1 sur 6 $\frac{1}{2}$	1 sur 7	1 sur 5 $\frac{1}{2}$	1 sur 8	1 sur 15	4 dern. mois. 1 sur 7
6 Iers. mois an XI.	1 sur 4	1 sur 6 $\frac{4}{7}$	1 sur 4	1 sur 4 $\frac{7}{11}$	1 sur 5 $\frac{2}{3}$	1 sur 4 $\frac{7}{10}$	1 sur 4 $\frac{1}{3}$	1 sur 10 $\frac{1}{3}$	1 sur 3 $\frac{1}{8}$

Tableau * N°. XXVIII, page 99.

* Il se trouve hors de rang par la raison exposée en tête du N°. XXIX.

ETAT de la population et de la mortalité dans l'hospice de la SALPÊTRIÈRE.

AN IX.

DÉSIGNATION DES INDIVIDUS.	EXISTANTES au premier vendémiaire an IX.	ENTRÉES pendant l'ANNÉE.	SORTIES.	DÉCÈS.	RESTANTES au premier vendémiaire an X.
Indigentes valides. . . .	3,513	431	420	50	3,474
Malades.	1,327	467	343	442	1,009
Jeunes filles et Enfans.	239	104	151	»	192
Folles et Epileptiques. .	499	119	25	12	581
TOTAUX. . . .	5,578	1,121	939	504	5,256

AN X.

DÉSIGNATION DES INDIVIDUS.	EXISTANTES au premier vendémiaire an X.	ENTRÉES pendant l'ANNÉE.	SORTIES.	DÉCÈS.	RESTANTES au premier vendémiaire an XI.
Indigentes valides. . . .	3,474	129	477	71	3,055
Malades.	1,009	20	111	335	583
Jeunes filles et Enfans.	192	11	202	»	1
Folles et Epileptiques. .	581	275	66	58	732
TOTAUX. . .	5,256	455	856	464	4,371

Six premiers mois an XI.

DÉSIGNATION DES INDIVIDUS.	EXISTANTES au premier vendémiaire an XI.	ENTRÉES pendant l'ANNÉE.	SORTIES.	DÉCÈS.	RESTANTES au premier Germinal an XI.
Indigentes valides. . . .	3,055	267	21	91	3,210
Malades.	583	»	»	241	342
Jeunes filles et Enfans.	1	»	»	»	1
Folles et Epileptiques .	732	95	50	33	744
TOTAUX. . . .	4,371	362	71	365	4,297

HOPITAUX ET HOSPICES CIVILS DE PARIS.

COMPTE GÉNÉRAL DES DÉPENSES DE L'EXERCICE AN X,

Divisées par Etablissement et par Nature de Dépenses.

NATURE DES DÉPENSES — NOMS DES HOPITAUX ET HOSPICES — TOTAL de la Dépense des Hôpitaux et Hospices — DÉPENSES À RÉPARTIR SUR TOUS LES HOPITAUX ET HOSPICES — DÉPENSES D'ORDRE — TOTAL GÉNÉRAL — TOTAL — RESTE — OBSERVATIONS.

A. La Répartition de la dépense de Scipion ou Boulangerie générale est faite d'après les quantités de pain fournies aux divers Établissemens.

B. La Répartition de la dépense de la Pharmacie centrale est faite d'après les quantités de drogues livrées aux mêmes Établissemens.

C. La Répartition de la dépense administrative est faite et calculée d'après le nombre des journées.

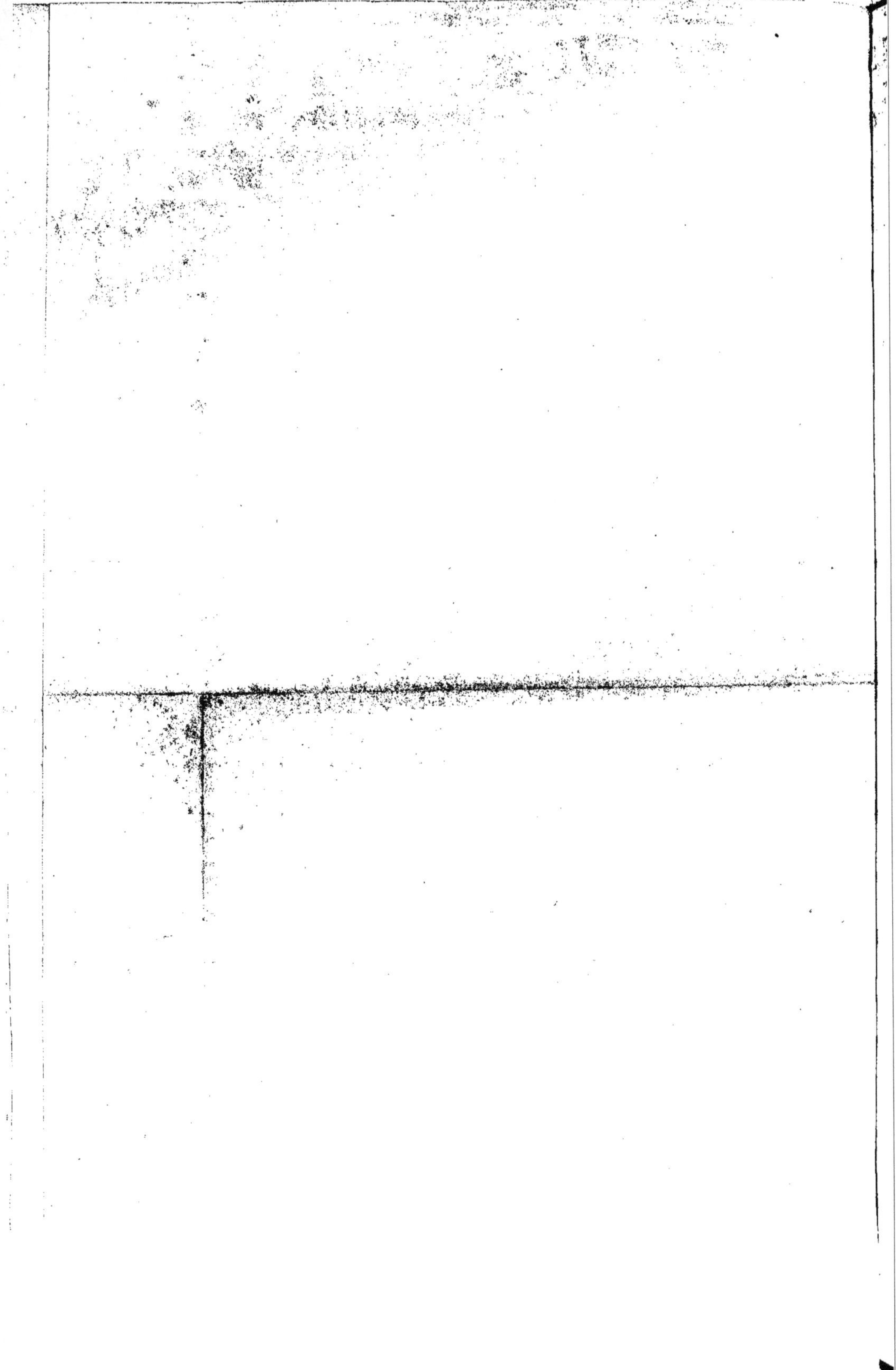

SITUATION de la Recette des Hospices civils de Paris, au premier Germinal an XI (1). *Exercice an X.*

REVENUS DES HOSPICES.

NATURE DES RECETTES.			ACTIF.	SOMMES REÇUES.	A RECOUVRER.
			fr. c.	fr. c.	fr. c.
Revenus fixes.	En argent.	Loyers de maisons	739,?4? 87	731,?60 25	105,984 19
		Biens ruraux	98,??? 85	85,589 81	73,?45 ?4
		Rentes foncières	5,??? 31	1,?83 55	3,591 77
		Rentes sur particuliers	12,?6? 54	553 ?9	1,??? ??
		Rentes sur l'État	410,553 »	410,534 50	» 50
	En nature.	Loyers de maisons	154,400 »	1,167 92	86,228 15
		Biens ruraux		63,??3 65	
		Rentes foncières		» »	
Revenus variables.		Halle aux vins	13,?00 »	13,200 »	» »
		Halle au Bled et Cochet	18? 58	18? 58	» »
		Rentes pour admission	17,?4? 94	10,583 77	6,8?6 17
		Intérêts et capitaux du Mont de Piété	45,8?4 53	45,8?4 53	» »
		Vente de bois	18,8?2 55	8,?61 87	10,?60 6?
		Amendes	31 »	31 »	» »
		Maison de santé	5,35? 50	3,858 85	1,531 65
		Pensions d'élèves sage-femmes	4,635 »	4,635 »	» »
		Recettes diverses	9,?85 37	9,?85 37	» »
Octroi			5,000,000 »	4,688,977 56	311,022 44
Secours extraordinaires du Ministre			199,744 79	199,744 79	» »
Recettes d'ordre.		Remboursement de pain	55,837 15	19,882 64	35,954 51
		Remboursement de médicamens	5,018 34	5,018 34	» »
		Remboursement d'impositions	190 »	190 »	» »
		Emprunt fait à l'an IX	18,000 »	18,000 »	» »
		Remboursement et prêt fait à l'an XI	120,000 »	» »	120,000 »
		Ordonnances de décharges	» »	» »	» »
TOTAUX			7,185,497 93	6,459,250 65	726,147 28

REVENUS DES ENFANS TROUVÉS.

NATURE DES RECETTES.		ACTIF.	SOMMES REÇUES.	A RECOUVRER.
		fr. c.	fr. c.	fr. c.
Revenus fixes.	Loyers de maisons	92,189 21	82,?31 10	9,758 11
	Biens ruraux	500 »	300 »	200 »
	Rentes foncières	626 80	179 44	447 36
	Rentes sur particuliers	691 26	» »	691 26
	Rentes sur l'État	153,320 »	153,320 »	» »
Revenus variables.	Amendes	16,513 78	16,513 78	» »
	Décomptes d'enfans retirés	778 40	778 40	» »
Secours du Ministre.	Sur la trésorerie	95,000 »	95,000 »	» »
	Sur la caisse du Ministre	» »	» »	» »
TOTAUX		359,924 35	348,817 52	11,106 83

DÉPÔTS ET FONDS DE REMPLACEMENT.

NATURE DES RECETTES.		ACTIF.	SOMMES REÇUES.	A RECOUVRER.
		fr. c.	fr. c.	fr. c.
Dépôts.	Cautionnement	40,000 »	40,000 »	» »
	Loyers d'avance	34,788 23	34,788 23	» »
Fonds de remplacement.	Lits de bois, draps et couvertures	3,400 25	3,400 25	» »
	Legs	1,000 »	1,000 »	» »
	Bénéfices d'exploitation du Mont-de-Piété	[illegible] 39	[illegible] 39	» »
	Sommes versées pour admission	9,123 85	9,109 05	14 80
	Succession des pauvres	15,?28 91	15,??? ??	344 55
	Remboursement de capitaux	8,999 87	999 87	8,000 »
	Ventes d'effets	14,384 47	14,384 47	» »
TOTAUX		229,132 49	220,774 12	8,358 37

					A RECEVOIR.	REÇU.	A RECOUVRER.
					fr. c.	fr. c.	fr. c.
Revenus des hospices.	Recette réelle	6,879,042 44	6,254,149 67	600,592 77	7,185,497 93	6,459,250 65	726,047 28
	Recette d'ordre	306,455 49	205,100 98	125,454 51			
Revenus des Enfans trouvés					359,924 35	348,817 52	11,106 83
Dépôts et fonds de remplacement					229,132 49	220,774 12	8,358 37
TOTAL DE LA RECETTE					7,774,554 77	7,028,842 29	745,512 48

(1) Il faut observer que le Ministre a fait imputer, comme paiement reçu de l'Octroi, les 199,744 fr. 79 qu'il a fait payer d'abord comme secours extraordinaires; de manière qu'il ne reste à recouvrer sur les 5,000,000 fr. de l'Octroi, que la somme de Fr. 111,278 o3. En outre, qu'une partie de la somme de 4,688,977 fr. o5 reçue de l'Octroi, a été payée sur les produits de l'Octroi de l'an XI.

ÉTAT NOMINATIF des Employés dans l'Administration des Hospices, Officiers de santé, etc. au 1er. germinal an XI.

ARTICLE PREMIER. — *Employés de l'Administration générale.*

[Pour les personnes qui composent l'Administration, *voyez* le RAPPORT, pages 18 et 19.]

SECRÉTARIAT.

C.ens

Léveille, *secrétaire de la Commission.*
Hucherard, *sous-chef.*
Chomerau, Ier *commis expéditionnaire.*
Blin, Magnin, } *expéditionnaires.*

BUREAU DE COMPTABILITÉ.

Girault, *chef.*
Pelicot, *teneur de livres.*
Lemaiguen, *vérificateur en chef.*
Mouzay, *commis principal.*
Combes, *premier commis.*
Devillers, Clausel, } *commis.*
Preterre, Boquet, } *expéditionnaires.*

BUREAU POUR LE PERSONNEL ET LE MATÉRIEL.

Rozet, *chef.*
Royer, *chef-adjoint.*
Masson, *premier commis.*
Hédon, *deuxième.*
Vasselle, *troisième.*
Alhoy jeune, *quatrième.*
Barrière, *inspecteur des apprentifs.*
Sevelinges, *chargé du placement des enfans.*
Juglar, Lenoble, Dalléas, } *expéditionnaires.*

BUREAU DE LA RÉGIE DES BIENS.

C.ens

Guérin père, *chef.*
Desmagny, *commis chargé des archives.*
Pelletier, *commis des bâtimens.*
Bonnafous, Mermilliod, } *expéditionnaires.*
Hardy, *commis-voyageur.*

CAISSE ET RECETTE.

Guérin fils, *receveur-caissier.*
Dorival, Rabon, Anseaume, Colinet, Pocheveux, Doulcet, Fontenay, Leclerc, Goufaitre, } *employés à la recette et à la caisse.*
Lavit, *contrôleur.*
Bichet, *employé.*

BUREAU-CENTRAL D'ADMISSION.

Biron, *officier de santé.*
Parfait, *idem.*
Prat, *idem.*
Chamseru, *idem.*

PHARMACIE CENTRALE.

Demachy, *pharmacien en chef* (1).

(1) Il est mort postérieurement au premier germinal; sa place a été supprimée.

PHARMACIE CENTRALE.

C.ens

Henry, *chef de service des laboratoires.*
Guillaume, *chef de service des mag.*
Séguin, *élève.*
Favre, *idem.*
Bruner, *teneur de livres.*

BATIMENS EN GÉNÉRAL.

Viel, Clavareau, } *architectes.*
Perdereau, Viel, jeune, Gilbert, Philipe, Lassault, Duvillard, } *inspecteurs.*
Dubois, Perrin, } *vérificateurs.*

BATIMENS EN PARTICULIER.

HOTEL-DIEU.

Milcent, *piqueur.*

SAINT-LOUIS.

Chauvigny, *piqueur.*

BICÊTRE.

Groseilles, *idem.*

SALPÊTRIÈRE.

Cador, *idem.*

SCIPION, OU BOULANGERIE GÉNÉRALE.

Regnard, *agent de surveillance.*
Fournerot, *commis-contrôleur.*

ARTICLE II. — *Agens de surveillance et principaux Employés dans les Hospices.*

HOTEL-DIEU.

C.ens

Pitre, *agent de surveillance.*
Denis, *premier commis.*
Devergie, *commis à la dépense.*
Thiriet, *inspecteur des salles.*
Scheffer, *inspecteur du dépôt*, Ier *commis à l'enregistrement.*
Mourize, 2e. *idem.*
Chaumonot, *contrôleur à la cuisine.*
Vingt-sept hospitalières en activité.

LA CHARITÉ.

Turquie, *agent de surveillance.*
Mandel, *commis-contrôleur.*

LA CHARITÉ.

M.mes

Saillet, Ferrand, Grenot, } *surveillantes.*

SAINT-ANTOINE.

C.ens

Carrier, *agent de surveillance.*
Genois, *commis-contrôleur.*

M.mes

Mettot, *surveil. des salles des femmes.*
Baquelin, *surveillante des salles des hommes.*
Rousel, 1 et 2, *surveil. de la lingerie.*
Levasseur, *surveillante de la cuisine.*

MADAME NECKER.

M.mes

Clavelot, *agente de surveillance.*
Vesse, *surveillante.*

BEAUJON.

Mad. Chamoin, *agente de surveillance.*
C.en Blairon, *contrôleur-garde-mag.*
Mad. Chassaing, *surveillante de la lingerie.*

COCHIN

Mad. Galland, *agente de surveillance.*
C.en Cordebar, *contrôleur-garde-mag.*
Mad. Armand, *surveillante de la lingerie.*

Agens de surveillance et principaux Employés dans les Hospices.

SAINT-LOUIS.

C.ens

Bailly, *agent de surveillance.*
Buisson, *instituteur.*
Dufour, ... } *commis.*
Devilliers, . }

MAISON DE SANTÉ.

Wilhem, *agent du surveillance.*
Tinet, *contrôleur.*
Mad. Perrin, *surveillante de la lingerie.*
Mad. Trouvé, *première infirmière.*

VÉNÉRIENS.

Boïeldieu, *agent de surveillance.*
Gailhard, *commis-contrôleur.*
Mad. Leblanc, *surv. de la lingerie et de la cuisine.*

HOPITAL DES ENFANS, BARRIÈRE DE SÈVES.

Remy, *agent de surveillance.*
Métoyen, *commis-contrôleur.*
Mesd. Siraux, *surveillante des filles.*
Haguette, *surv. des garçons.*
Spruckmann, *surveillante de la lingerie.*

BICÊTRE.

Létourneau, *agent de surveillance.*
Busnot, *commis-contrôleur.*
Richomme, *inspecteur des ateliers.*
Obry, *surv. de l'infirmerie générale.*

LA SALPÊTRIÈRE.

Laporte-Lalanne, *agent de surveillance.*
Chevillard, *premier commis.*
Quelen, *commis-contrôleur.*
Hemey, *économe-garde-magasin.*
Sorel, *principal commis.*
Poisot, . } *sous-garde-magasin.*
Tribout, }

Suite de la Salpêtrière.

M.mes

Dunand, *surveillante de la cuisine.*
Blachier, *surveillante de la buanderie.*
Bazile, *surveillante d'habillemens et lingerie.*
Pitout, *surv. des ateliers généraux.*
Victor, *surv. de la panneterie.*
Rabaliati, *surveillante des portes et parloirs.*
Chevillard, *surveillante des réfectoirs et de propreté.*

LES MÉNAGES.

C.ens

Symonnot, *agent de surveillance.*
Masson, *commis-contrôleur.*
Mlle. Symonnot, *surv. des ménages.*
Mad. Duprat, *surv. des dortoirs à l'infirmerie tenue par les sœurs de la Charité.*

HOMMES INCURABLES.

Baudin, *agent de surveillance.*
Lérambert, *contrôleur.*
Larua, *surveillant.*

FEMMES INCURABLES.

Maillet, *agent de surveillance.*
Quetant, *commis-controleur.*
Mesd. Bucquet, } *surveillantes.*
Mazurier, }

MONTROUGE.

Frochot, *agent de surveillance.*
Badouet, *commis-contrôleur.*
Lemaire, *surveillant des salles.*
Mad. Colbet, *surveillante de la lingerie.*

LES ELÈVES DE LA PATRIE.

Cossé, *agent de surveillance.*
Friou, *premier commis-contrôleur.*
Rousselet, . }
Trouillet, .. }
Maillard, .. } *instituteurs.*
Grare, ... }
Creton, ... }
Favarger, .. }

Suite des Elèves-de-la-Patrie.

C.ens

Demenerville, }
Grostête, ... }
Beuzelin, ... } *maîtres-de-quartier.*
Parison, ... }
Chapuis, ... }

M.mes

Radu, ... }
Robillard, . } *surveillantes.*
Barbier, ... }
Dorise, ... }
Harel, *surv. de la cuisine générale.*
Poselère, *surveillante de la lingerie.*

ORPHELINES, FAUXBOURG SAINT-ANTOINE.

Perigois, *agent de surveillance.*
Aubert, *commis-contrôleur et instituteur.*

M.mes

Le Tellier, . }
Langlois, .. } *institutrices.*
Houdouart, }
Ve. Martin, *surveillante de la lingerie.*
Leroy, *surveillante de la cuisine.*

LA MATERNITÉ.

C.ens

Hombron, *agent de surveillance.*
Papin, *chef de comptabilité.*
Sausseret, *préposé à la réception.*
Potonié, *préposé à l'état civil.*
Guichard, *premier commis-contrôleur.*
Girault, *second commis-contrôleur.*
Combaz, *garde-magasin-général.*
Freminet, *commis.*

M.mes

Liard, *surv. des nourrices sédentaires.*
Séguin, *surv. des femmes enceintes.*
Guillot (Sœur de la Charité), *surv. de la crêche.*
Hubert (*idem*), *sous-surv. de la crêche.*
Guerrier, *surveillante de l'infirmerie.*
Gouverneur, *surveillante de la lingerie.*
Guichard, *surveillante du magasin des vêtemens.*
Héritier, *surveillante de la cuisine.*
Coutavoz, *surveillante des femmes en couche.*

ARTICLE III. — *Médecins, Chirurgiens, Pharmaciens, et Elèves.*

HOTEL-DIEU.

MÉDECINS.

C.ens

Le Preux, *en chef.*

Danié.	Montaigu.
Mallet.	Asselin.
Duchaume.	Petit.
Bosquillon.	Bourdier.
Thaureaux.	Borie.
Defrasne.	Recamier.

Suite de l'Hotel-Dieu.

ELÈVES EN MÉDECINE.

Rousset.	Chavernac.
Gadon.	Lapeyre.
Hay.	Authenac.
Beau.	Lemaire.
Vallette.	Moizin.

CHIRURGIENS.

Pelletan, *en chef.*	Dupuytren.
Giraud.	Naudin.

Suite de l'Hotel-Dieu.

ÉLÈVES EN CHIRURGIE.

Alin.	Surville.
Tillos.	Chatenet.
Pelletan, fils.	Fleury.
Dalle.	Beaufils.
Vitrac.	Guenon.
Maigrier.	Léveville.
Kirwan.	Gault.
Devergie.	

Médecins, Chirurgiens, Pharmaciens et Elèves.

Suite de l'Hotel-Dieu.

PHARMACIENS.

C.ens

Lautour.

ÉLÈVES.

Bisson, Ier. Beauvallet.
Bidot. Boivin.
Rebière. Thierry.
Brun.

LA CHARITÉ.

MÉDECINS.

C.ens

Dumangin.
Corvisard.

ÉLÈVES.

Bayle. Deschamps, fils.

CHIRURGIENS.

Deschamps, *en chef.*
Boyer.

ÉLÈVES.

Vareilliaud. Feller.
Venin. Fortassin.
Moncourrier. Hamel.
Deschamps-Larivière.

PHARMACIEN.

Boudet.

ÉLÈVES.

Barruel. Bosse.
Potier.

SAINT-ANTOINE.

MÉDECIN.

Leclerc.

CHIRURGIENS.

Brador, *en chef.*
Davin,.... } *élèves.*
Philippe,.. }

PHARMACIENS.

Morisset.
Fraise, *élève.*

HOPITAL NECKER.

Mongenot, *médecin.*
Maret, *chirurgien.*
Nicod, *élève en chirurgie.*

BAUJON.

Dupont, *médecin.*
Lacaze, *chirurgien.*
Maublanc,. } *élèves en chirurgie.*
Lacoste,... }
Duval, *pharmacien.*

COCHIN.

C.ens

Bertin, *médecin.*
Caron, *chirurgien.*
Allard,.... } *élèves en chirurgie.*
Lehérissé,. }
Legendre, *pharmacien.*

SAINT-LOUIS.

De la Porte, *médecin.*
Alibert.
Rufin, *chirurgien en chef.*
Richerand.

ELÈVES EN CHIRURGIE.

Le Blond. Honoré.
Vic. Durfort.
Labrousse. Barras.
St.-Martin. Gontier-St.-Martin.
Magendie. Legouas.
Gallés, *pharmacien en chef.*
Tesson,... }
Beaufils,... } *élèves.*
Burgade,.. }

MAISON DE SANTÉ.

De la Roche, *médecin.*
Dubois, *chirurgien.*
Pouqueville, *élève en chirurgie.*
Moret, *pharmacien.*

VÉNÉRIENS.

Bertin, *médecin.* (Le même qu'à l'hopital Cochin.)
Cullerier, *chirurgien en chef.*
Leblanc, *chirurgien des nourrices.*
Gilbert, *chirurgien-aide-major.*

ÉLÈVES EN CHIRURGIE.

Cullerier (neveu). Barbarin.
Hubert. Calabre.
Lagneau.
Allut, *pharmacien en chef.*
Hebrard,.. } *élèves en pharmacie.*
Mavré,... }

HOPITAL DES ENFANS,

BARRIÈRE DE SÈVES.

Mongenot, *médecin.* { Il est aussi empl. en cette qualité à l'hop. Necker.
Jadelot.
Baron,.... } *élèves en médecine.*
Maure,.... }
Petibeau, *chirurgien.*
Peraudin, *élève.*
Prat, *pharmacien.*
Turquet, *élève.*

BICÊTRE.

C.ens

Lanefranque, *médecin.*
Dumont, *chirurgien en chef.*
Hébréard.

ÉLÈVES EN CHIRURGIE.

Ferrand. Chevallon.
Fourré. Pierron.
Lafargue.
Desmarest, *pharmacien.*
Dumont, jeune, *élève en pharmacie.*

LA SALPÊTRIERE.

Pinel, *médecin.*
Landré-Beauvais, *médecin-adjoint.*
Lalement, *chirurgien en chef.*
Murat.

ELÈVES EN CHIRURGIE.

Porcher. Marjolin.
Bourgeois. Amestin.
Lecosse. Daclin.
Blin.
Heleine, *pharmacien.*
Boulanger,. } *élèves en pharmacie.*
Duhamel,. }
Pussin, *attaché au service de santé pour les folles.*

LES MÉNAGES.

Bourdier, *médecin..* { Le même qu'aux Incurables-Fem.
Maret, *chir. en chef..* { Il est employé à l'hopital Necker.

HOMMES-INCURABLES.

Lesvignes, *médecin.*
Deshayes, *chirurgien.*

FEMMES-INCURABLES.

Bourdier, *médecin..* { Le même qu'aux Ménages.
Dumas, *chirurgien en chef.*
Goutte, *élève en chirurgie.*

MONTROUGE.

Dumangin, *médecin.*
Jouard, *élève en chirurgie.*

ÉLÈVES DE LA PATRIE.

Lafon, *chirurgien.*

ORPHELINES,

FAUXBOURG SAINT-ANTOINE.

Latour, *chirurgien.*

MATERNITÉ.

Andry, *médecin.*
Auvity, *chirurgien en chef.*
Baudelocque, *chirurgien-accoucheur.*
Mad. Lachapelle *sage-femme en chef.*
Petit, *élève en chirurgie.*

ARTICLE IV. — *Ministres du Culte.*

HOTEL-DIEU.

C.ens

Martin.

Foulhouze.

Chabot.

Godefroy.

LA CHARITÉ.

Perrin.

SAINT-ANTOINE.

. . . .

MADAME NECKER.

Davignon.

BAUJON.

Baron.

COCHIN.

C.ens

Dumont.

SAINT-LOUIS.

Messager.

VÉNÉRIENS.

Levacher.

BICÊTRE.

Brochier.

Besson.

SALPÊTRIÈRE.

Pellicot-Deseillans.

Levasseur.

Nazon.

HOSPICES DES MÉNAGES.

Leclair.

HOMMES-INCURABLES.

C.ens

Letellier.

FEMMES-INCURABLES.

Durand.

LES ÉLÈVES DE LA PATRIE.

Nugues.

ORPHELINES,

FAUXBOURG SAINT-ANTOINE.

Servais.

LA MATERNITÉ.

Clausse.

www.ingramcontent.com/pod-product-compliance
Ingram Content Group UK Ltd.
Pitfield, Milton Keynes, MK11 3LW, UK
UKHW022142190726
13855UKWH00003B/1290